I0558604

# TESOROS
# DE LA
# OSCURIDAD

# TESOROS
# DE LA
# OSCURIDAD

## COBY L MCGEE

**ARPress**

ILLUMINATING IDEAS,
EMPOWERING VOICES

Copyright © 2024 Coby L McGee

Todos los derechos reservados. Ninguna parte de esta publicación puede ser reproducida, distribuida o transmitida en cualquier forma o por cualquier medio, incluyendo fotocopias, grabaciones u otros métodos electrónicos o mecánicos, sin el permiso previo por escrito del propietario de los derechos de autor y el editor, excepto en el caso de citas breves incorporadas en revisiones críticas y ciertos otros usos no comerciales permitidos por la ley de derechos de autor. Para solicitudes de permisos, escriba al editor, dirigido a "Atención: Coordinador de permisos", en la dirección a continuación.

**ARPress**
45 Dan Road Suite 5
Canton MA 02021

Línea directa:          1(888) 821-0229
Número de fax:          1(508) 545-7580

Información de pedido:

Cantidad de ventas. Hay descuentos especiales disponibles en compras de cantidades por parte de corporaciones, asociaciones y otros. Para obtener más información, póngase en contacto con el editor en la dirección anterior.

Impreso en los Estados Unidos de América.

ISBN-13:     Tapa blanda          979-8-89356-202-6
             Libro electrónico     979-8-89356-203-3

Número de control de la Biblioteca del Congreso: 2024905602

# TABLA DE CONTENIDOS

# Tesoros de la Oscuridad

Por Coby L. McGee

**Revisado Por: Barbara Bamberger Scott**

El escritor McGee combina vívidas memorias y misticismo cristiano en esta mirada a la vida y sus posibilidades. De pequeño, el autor no se percató del padre maltratador que había tenido, pero sí tiene recuerdos de los padrastros que le siguieron y de sus formas más sutiles de desprecio. Señala que, a cualquier edad, uno puede tener miedos; y aunque uno pueda superar algunos de ellos, los miedos forman parte de la psique humana que, como él aprendió, pueden aliviarse con la cercanía a Dios. Parte de ese proceso conlleva la voluntad de perdonar incluso al peor de los enemigos, como la remodelación de una casa, en la que se necesitarán consejos y se verán afectados grandes cambios.

Una destructiva tormenta y un supervisor piadoso en el trabajo universitario de McGee le enseñaron que "casi todo puede repararse o sustituirse". Tras el fracaso de su matrimonio y el amor que sentía por sus tres hijos, McGee comenzó su viaje de sanación, superando pensamientos muy negativos y de abnegación de sí mismo e incluso el deseo de acabar con su vida. Un mentor cristiano le instó a perdonar totalmente a quienes le habían hecho el mal. Se convirtió para él en una "experiencia arco iris" que desea compartir con los demás.

McGee, un hombre de negocios de Texas, posee un verdadero talento para hilvanar palabras, extrayendo ejemplos a menudo traumáticos de sus experiencias para producir consejos directos y con base espiritual para los lectores. Contado desde un punto de vista cristiano, su infancia fue de abusos y confusión, mientras que su edad adulta fue de logros mezclados con caos emocional e imágenes a menudo extremadamente sombrías y autodestructivas. Sin embargo, la narración muestra claramente que estos tiempos de oscuridad, mezclados con su determinación personal y su ferviente fe, le han llevado a un lugar de paz. Su obra autobiográfica, con un punto de vista filosófico, puede proporcionar un enfoque atractivo para la discusión en grupo y la contemplación individual para aquellos que buscan comprenderse a sí mismos en mayor profundidad y mejorar las relaciones con los demás.

# Capítulo I

## Bienvenido al Planeta Tierra

¿Qué camina sobre cuatro patas por la mañana, sobre dos al mediodía y sobre tres al atardecer?». Este es un famoso acertijo de la mitología griega que le planteó la gran Esfinge a Edipo. Para que Edipo pudiera pasar a la ciudad de Tebas tenía que responder correctamente a este acertijo o ser devorado por el horrible monstruo. Por suerte para él, respondió correctamente: «El hombre».

Se trata de una ingeniosa metáfora sobre la condición humana. Primero, aprendemos a gatear a cuatro patas cuando somos bebés, luego aprendemos a caminar sobre dos piernas, y más tarde, en nuestros años crepusculares, necesitamos la ayuda de un bastón (tercera pierna) para desplazarnos. Nuestras vidas aquí en la tierra son bastante cortas si realmente se piensa en ello. Acabo de cumplir 60 años y parece que apenas ayer tenía 25, lleno de energía y entusiasmado por el futuro.

Amé absolutamente ser papá de mis 3 hijos, pero crecieron tan rápido. Echo de menos aquellos días de su juventud, ver dibujos animados con ellos, jugar a las luchas con ellos. Pero ahora todos son adultos, mis hijos Jacob y Aaron ya se graduaron en la universidad y mi única hija Macy acaba de empezar. La vida ha pasado en algunos aspectos. He tenido grandes éxitos así como pérdidas devastadoras en mi vida, pero el Señor ha sido fiel para guiarme a través de todo.

La Biblia afirma que Dios "ha puesto la eternidad en el corazón de todo hombre" (Eclesiastés 3:11), lo que significa que todos tenemos el deseo de saber de dónde venimos, adónde vamos y cuál es nuestro propósito en este planeta. Los seres humanos tendemos a "fracasar de antemano", lo que significa que solemos tomar primero todas las decisiones equivocadas antes de darnos cuenta de que hay opciones mejores ahí fuera. Afortunadamente, vamos tomando mejores decisiones a medida que envejecemos.

La vida está llena de sufrimiento, incluso cuando tomamos decisiones acertadas, pero hay cosas que nos hacemos a nosotros mismos que nos crean sufrimiento innecesario. He aprendido muchas cosas por las malas, y las mayores lecciones las aprendí en los momentos más oscuros de mi vida.

Espero que este libro le ayude a aliviar parte de ese sufrimiento innecesario y le dé esperanza en los momentos oscuros de su vida. Si se pregunta "¿Dónde está Dios?" cuando las cosas se desmoronan, entonces ha elegido el libro adecuado.

¿Sabía que ha sido creado a la imagen y semejanza de Dios? Eso es lo que dice la Biblia. De todas las criaturas que existen o han existido en la tierra, ¿Cuál es la más impresionante? ¿Leones, tigres, elefantes? ¿O los dinosaurios? De todas las creaciones de Dios, el ser humano es el poseedor de la mejor aptitud cognitiva, destreza física y capacidad para cambiar su entorno. Incluso ahora, la inteligencia artificial está intentando crear lo que sería un humano perfecto, pero nosotros tenemos algo que la IA nunca podrá tener... el espíritu humano.

Seguro que ha oído hablar de experiencias cercanas a la muerte, o de experiencias de muerte real, en las que la gente confiesa que su espíritu salió del cuerpo durante un tiempo. Nuestro espíritu humano es nuestra parte eterna, y es el aspecto del ser humano que nos permite conectar con Dios. La Biblia afirma que Dios es un Espíritu, y los que le adoran lo hacen en espíritu y en verdad.

Si pensamos en nuestro cuerpo físico, sobre todo cuando somos un recién nacido, nos encontramos en un estado muy vulnerable, de gran necesidad. Sé que hemos visto imágenes de animales de granja que nacen y se ponen de pie y caminan casi de inmediato. Pues bien, Dios, en toda su sabiduría, nos diseñó para ser muy dependientes de nuestras madres y padres en cuanto a comida, cobijo, ropa, protección e incluso para limpiarnos nuestros diminutos traseros durante los dos primeros años de nuestra vida.

Recuerdo que, como padre primerizo, pensaba que cambiar un pañal iba a ser la peor parte de ser padre. Resultó que cambiar los pañales de mis hijos fue una de las partes más fáciles de la paternidad. ¡Qué risa! Los padres de adolescentes saben de lo que hablo. A veces me he preguntado: "¿Por qué Dios hizo a los humanos tan débiles y necesitados cuando son bebés, cuando algunos animales son capaces de empezar a andar nada más nacer?".

Esa es una de las muchas cosas que hacen a los humanos diferentes de otras criaturas. Hemos sido hechos para pasar por un proceso de vinculación con otros humanos; sobre todo con nuestros padres.

Los bebés necesitan que mamá o papá les cojan en brazos cuando se alimentan durante varios meses, ya sea con el pecho o con el biberón. Esto es reconfortante para el bebé y muy satisfactorio para los padres. Recuerdo cuando Jacob, nuestro primogénito, era pequeño. Después de cenar, me sentaba en el salón, en mi butaca. Cuando mi mujer terminaba de amamantar a Jacob, me lo traía, lo tumbaba sobre mi pecho y los dos nos quedábamos dormidos un rato.

Aquel era un lugar seguro y cómodo para que Jacob descansara después de una buena comida, pero también fue una de las experiencias más especiales y plenas de mi vida como papá primerizo. Fue bueno para los dos. Dios nos diseñó para empezar nuestras vidas en un entorno seguro y cálido, protegidos y cuidados por personas que nos aman. Este es el plan perfecto de Dios, pero como todos sabemos, las cosas no siempre salen según lo previsto.

Yo tuve la suerte de tener una madre dulce y cariñosa cuando era pequeño. Era atenta y cariñosa, y sinceramente me encantaba la atención que recibía de ella cada vez que me ponía enfermo. Era muy agradable sentirme querido y cuidado, y hacía que estar enfermo no fuera una experiencia tan mala. Doy gracias a Dios por haberme dado una buena madre, pero cuestioné la elección de los padres por parte de Dios durante muchos años

No voy a criticar a mi padre, ni a ninguno de mis dos padrastros en este libro; podría haber tenido con la misma facilidad un padre estupendo y una mala madre para el caso. A la larga, no importa. El hecho es que éste es un mundo imperfecto con gente imperfecta, y la mayoría de la gente trata a los demás de la misma manera que sus padres les trataron a ellos, incluso si ese comportamiento fue abusivo o negligente.

Los patrones de comportamiento y creencias poco saludables pueden repetirse de generación en generación sin que nadie se dé cuenta de que es abusivo. En mi familia de origen había patrones de abuso y enfermedad mental establecidos mucho antes de que yo naciera, que me afectaron durante mucho tiempo en mi vida adulta.

La buena noticia es que no estamos solos en nuestras luchas. Hay otros seres humanos de los que podemos aprender que han superado grandes obstáculos, y también tenemos acceso a un Dios amoroso, poderoso y omnisciente que está deseoso de ayudarnos en el camino.

Otra vulnerabilidad con la que lidiamos como humanos es la necesidad que tiene nuestra alma de amor, pertenencia y conexión con los demás. Nuestra sensación de bienestar se ve muy afectada por nuestra necesidad de contacto físico, palabras de afirmación y cercanía con los demás. Cuando un niño aprende a andar y a hablar, empieza a explorar su entorno y a desarrollar habilidades. Después, el niño va a la guardería, a la iglesia y a la escuela para socializar y desarrollar su alma (mente, voluntad y emociones).

Personalmente, tuve algunas experiencias dolorosas en guarderías cuando era preescolar, pero tuve algunas experiencias estupendas en la escuela primaria. Supongo que es la pura suerte del azar, por así decirlo. Afortunadamente, de niños tuvimos buenas experiencias con mamá y papá, pero cuando salimos al mundo, descubrimos que algunas personas son fiables y otras no.

Mi madre tuvo que dejar a mi padre alcohólico y maltratador cuando yo tenía 4 años, mi hermana mayor tenía 5 y mi hermana pequeña era sólo una recién nacida. Dejamos nuestro hogar en Midland y nos mudamos a Lubbock, Texas, en 1966 para escapar de un entorno abusivo y empezar una nueva vida. Como niño pequeño que acababa de dejar su casa, su pueblo y sus amigos fue todo un reto a nivel emocional.

Era demasiado joven para recordar los abusos que sufrimos a manos y palabras de nuestro padre, pero mi hermana mayor y mi madre me lo contaron cuando me hice mayor. Sin embargo, aunque mi mente no podía recordar aquellas experiencias, mi subconsciente sin duda había tomado algunas notas.

El mero hecho de estar presente en un entorno inseguro cuando era un niño pequeño afectó a mi sensación de seguridad. Cuando empezamos a instalarnos en nuestra nueva casa de Lubbock, de vez en cuando tenía sentimientos de miedo y abandono. Como mi madre era ahora madre soltera, tenía que ir a trabajar y yo tenía que ir a la guardería.

Para ayudar a mi madre, mis abuelos se quedaron con mi hermana mayor en Rule, Texas, para que fuera a la guardería. Rhonda era un año mayor que yo, así que éramos compañeras de juegos y mejores amigos, pero ahora ella tampoco estaba allí. Fue un momento emocionalmente perturbador para mí, ya que muchas cosas habían cambiado de la noche a la mañana.

Como niños somos muy inocentes, vulnerables y tiernos ante cada estímulo que encontramos. No podemos filtrar las experiencias negativas, así que todo nos afecta. Sólo como adultos podemos volver atrás y resolver los efectos negativos de nuestra juventud. A veces nuestro sufrimiento actual es el resultado de un duelo no resuelto o no procesado del pasado, incluso tan lejano como el nacimiento. No es culpa nuestra que carguemos con traumas desde niños.

Sólo quiero decir que superar el dolor emocional es tan sencillo en teoría como superar las heridas físicas. Las heridas físicas se curan con ciertos métodos, y lo mismo ocurre con las heridas emocionales;

solo que, por alguna cruel razón, los humanos nos avergonzamos unos a otros por tener luchas emocionales y mentales. Este es un gran mal que transmitimos a nuestra propia descendencia.

Quiero ayudar a que se produzca un cambio de conciencia en todo el ámbito de las enfermedades mentales y emocionales para que podamos aprender a sanar de los traumas que experimentamos. Me ha llevado toda una vida permitir que Dios hablara a los lugares rotos de mi corazón. Ahora quiero compartir estas verdades y perspectivas con usted para que no tenga que sufrir tanto como yo. Que Dios le bendiga mientras sigue leyendo.

# CAPÍTULO 2

## PÉRDIDA DE LA INOCENCIA

Me pregunto cómo se sintió Dios cuando Adán y Eva no consiguieron obedecer la única orden que les dio en el jardín del Edén. Me vienen a la cabeza esos divertidísimos memes de YouTube de "Sólo tenías un trabajo". Piénsalo... Dios te coloca en el jardín del Edén, un entorno perfecto en el que paseabas y hablabas con el Señor todas las tardes y no te faltaba nada de nada.

Lo único que se te ordenó evitar fue el árbol del conocimiento del bien y del mal. "Si comes de su fruto, ciertamente morirás". No se refería a la muerte física inmediata, sino a la muerte de nuestra inocencia, paz mental y el sentimiento de conexión con nuestro Creador.

Los mandatos de Dios son para nuestra protección, no para negarnos bendiciones. Además, no hay razón para robar a Dios o manipularlo para satisfacer nuestras necesidades; Él dice: "Pide y recibirás". Todos los seres humanos creados nacen con una sensación de carencia. Es básicamente un miedo a lo desconocido. Lo demuestran los gritos desesperados de un bebé cuando tiene hambre. Es como si temieran que no habrá más comida.

Una de las mayores bendiciones de Dios para nosotros es otorgarnos el libre albedrío, pero no somos lo suficientemente inteligentes, fuertes o nobles para elegir siempre lo que es mejor para nosotros. Eva fue fácilmente persuadida a comer la fruta del único árbol que estaba prohibido, y Adán fue fácilmente persuadido a seguirle la corriente. Por supuesto, ¿Qué hombre va a decir que no a una hermosa mujer desnuda de pie frente a él? ¡Qué risa! Pero en serio, ¿Tan fácil fue para la serpiente engañar a los humanos para que desobedecieran la advertencia de Dios?

Me he engañado a mí mismo al igual que muchos otros pensando que nunca habríamos comido esa manzana. ¡Sí, es cierto! Habríamos hecho exactamente lo mismo, ¿Y sabe por qué? Porque los humanos somos crédulos, egoístas, arrogantes, tontos y envidiosos por naturaleza, y todos tomamos decisiones estúpidas. Normalmente no es hasta que sufrimos las consecuencias de nuestras malas decisiones cuando buscamos otras mejores.

¿Por qué nos creemos mejores que los demás? La Biblia nos llama la atención sobre esto cuando dice: «¿Por qué miras la paja que está en el ojo de tu hermano, y no echas de ver la viga que está en tu propio ojo?». Creo que todo se remonta al pecado original cometido en el jardín del Edén.

La mayoría de la gente piensa que el pecado original fue la desobediencia al comer la "manzana", pero el pecado que ocurrió antes de eso fue en realidad la envidia. La serpiente le dijo a Eva que Dios simplemente no quería que supieran lo que Él sabe, que les estaba ocultando información. La serpiente estaba tentando a Eva con los celos y la envidia.

Vayamos aún más atrás, a cuando sólo estaban Dios, Jesús, el Espíritu Santo y los ángeles en el cielo. Lucifer era uno de los tres

Arcángeles, junto con Gabriel y Miguel. Ahora bien, Lucifer era el más bello de todos los ángeles, la Biblia lo describe como si tuviera múltiples instrumentos musicales conectados a él de alguna manera.

Así que a Lucifer se le dio una belleza y habilidades especiales, pero aún así fue creado para adorar y servir al Dios Altísimo. Lucifer se volvió orgulloso en su corazón debido a su belleza y talentos especiales, y comenzó a querer una atención especial.

Supongo que Dios dio incluso a los ángeles libre albedrío para obedecerle o no, porque Lucifer sintió envidia del poder y la autoridad de Dios sobre todas las cosas, y decidió rebelarse contra el Señor. Consiguió llevarse consigo a un tercio de los ángeles en su rebelión, por lo que Dios los expulsó a todos del cielo.

Dios cambió el nombre de Lucifer por el de Satanás después de aquello porque ya no se identificaba como un ángel de "luz" a los ojos del Señor. Satanás tenía envidia del poder de Dios, de su autoridad y de las alabanzas que Dios recibía en el cielo. No le faltaba nada, pero quería más. Así que eso nos lleva a preguntarnos, ¿Por qué Dios no creó simplemente seres perfectamente obedientes con los que compartir su vida y su amor?

Para responder a esa pregunta debemos discutir la naturaleza del amor tal y como Dios lo ve. La palabra de Dios dice que el verdadero amor es amable, paciente, no egoísta, no exigente, no prepotente y varias cosas más. Dios quiere ser amado tal como nosotros queremos ser amados, no por obligación o manipulación, sino por voluntad propia.

Obviamente, Satanás no estaba satisfecho con un cielo perfecto, y Adán y Eva no estaban satisfechos con un Edén perfecto, así que Dios entiende la naturaleza de los seres creados. Los seres creados tienden a no estar contentos con lo que se les ha dado, y la conformidad y la gratitud sólo se aprenden experimentando la pérdida.

Veo un descontento generalizado en estas generaciones actuales. Yo crecí en los años 60 y 70, cuando se nos obligaba a hacer tareas domésticas, a cuidar niños, a trabajar repartiendo periódicos y a cortar el césped por nuestro dinero. Eso nos enseñó el valor del dinero y el mérito de ganarnos lo que comprábamos. A mis hijos, nacidos a principios del siglo XXI, se les dieron todos los lujos sólo porque nuestro estilo de vida y nuestra cultura así lo exigían.

Recuerdo a mi hija Macy rogándome que le comprara un iPhone cuando tenía 10 años porque supuestamente "TODOS los demás tenían uno". La retuve durante 2 años, soportando los constantes ruegos y súplicas que tan bien se le daban. Entonces, cuando cumplió 12 años, cedí porque aparentemente la escuela le exigía tener uno. Mis 3 hijos tenían un "iPhone" mucho antes de que yo tuviera uno. No veía cuál era el gran problema. Un teléfono es un teléfono ¿No? No tenía ni idea...

Hasta el día de hoy me arrepiento de esa decisión. Voy a hacer que algunos de ustedes se enfaden al decir esto, pero dar tantos aparatos electrónicos a los niños pequeños les da un falso sentido de la realidad, y básicamente les distrae de la vida real y de las relaciones reales. Deberíamos dejar que nuestros hijos miraran por la ventanilla del coche en los viajes por carretera en lugar de ponerles algún aparato en las manos.

¡DÉJENLOS que se aburran! Es bueno para el alma, y necesitan tiempo para sentarse y pensar en cualquier cosa que se les pase por la cabeza. Nuestros hijos han perdido la capacidad de sentarse solos y reflexionar sobre la vida. Están constantemente distraídos por los dispositivos electrónicos. La capacidad de buscar información en Google en un instante puede ser agradable a veces, pero nos ha dejado obsoletos a los padres. Puede arruinar el plan original de Dios para que los niños aprendan sobre la vida de sus padres. Era necesario decirlo.

Así que mi generación creció aprendiendo a ganarse el sustento, a hacer amigos jugando al aire libre, a tomar mucho sol y hacer ejercicio y, básicamente, aprendió formas prácticas de existir en el mundo. Nuestros hijos se quedan dentro y juegan a videojuegos. Y ni siquiera me haga hablar de todo el engaño, la tentación y las agendas particulares a las que todos estamos expuestos a través de nuestros ordenadores y teléfonos.

Básicamente, lo que intento decir es que nuestra sociedad actual está mimada con lujos que la mayoría de los seres humanos a lo largo de la historia nunca tuvieron, y en lugar de contentarnos, exigimos más. No nos satisfacemos con un iPhone 40 (exageración para dar efecto), tenemos que tener la versión más nueva de todo.

Piense en esto... nuestros bisabuelos probablemente vivían en granjas, cultivaban sus propios alimentos y se desplazaban a caballo o a pie. ¡Qué pesadilla tener que ir andando a la escuela o a la tienda! Nuestros hijos no tienen ni idea de lo fácil que lo tienen en comparación con el 95% de las personas que vivieron antes que nosotros. Por supuesto, también han estado expuestos a más tentaciones que nosotros.

Ya ni siquiera tenemos que ir al cine; simplemente nos basta con ver una película en Netflix o en alguna otra aplicación de streaming. En los años 70, estar en la puerta de un cine un viernes por la noche solía ser el acontecimiento de la semana, y conllevaba la expectativa añadida de poder encontrar novio o novia. Hoy en día, hay que conectarse a Internet para conocer a alguien. Puede que los niños lo prefieran, pero es completamente incómodo para los adultos mayores. No hablemos de ese tema.

Los seres humanos fuimos diseñados por Dios para crecer intelectual, social, emocional y espiritualmente. Estábamos destinados a aprender trabajando y fracasando y levantándonos y volviendo a luchar. Necesitamos retos, incluso a veces necesitamos bravucones, para sacar lo mejor de nosotros. Nos hacemos fuertes levantando grandes pesos, y crecemos en carácter afrontando y superando retos. Nuestra confianza crece a medida que afrontamos nuestros miedos y nos enfrentamos a los retos.

Que nos den demasiado sin ganárnoslo ha llevado a muchos de nosotros a no apreciar lo que tenemos y a sentirnos con derecho a todo lo que tiene nuestro vecino. Si siente envidia de lo que tiene su vecino, haga el mismo trabajo que ellos y gánese lo que se han ganado. Cuando sabes que has luchado para ganarte algo, lo aprecias mucho más que si te lo hubieran regalado.

Otra lección de la historia del jardín del Edén incluye la comprensión de que Dios hizo al hombre del polvo, de los elementos básicos de la tabla periódica que estudiamos en clase de química. Pero fue el propio aliento de Dios el que dio vida al cuerpo de Adán.

El propio nombre de Dios en hebreo es YHWH, o Yahvé, que puede considerarse fácilmente como los sonidos que emitimos al inhalar y exhalar. Mientras obtenía un título menor en Biología en la universidad vi la increíble complejidad del cuerpo humano, pero nada de ello funcionaría sin el propio aliento de Dios en nuestros pulmones. Él es el aire mismo que respiramos y la fuente de vida para nuestros cuerpos, nuestras mentes, nuestras emociones y nuestros espíritus.

Colosenses 1:17 dice que "... en (Jesús) todas las cosas subsisten". Ese se ha convertido en uno de mis pasajes favoritos de las Escrituras en los últimos años, sabiendo que Jesús me mantuvo firme en momentos en los que pensé que me desmoronaría.

Otra lección del jardín fue que Dios hizo a Adán y Eva perfectos e inocentes. Ambos estaban desnudos, pero no sentían vergüenza. No conocían la diferencia entre el bien y el mal porque eran inocentes. Eran tan inocentes como niños pequeños, y sus vidas eran bastante dulces. Llegaron a caminar y a hablar con Dios por las tardes cara a cara y de corazón a corazón. Por cierto, eso será restaurado cuando lleguemos al cielo. Es lo que Dios pretendía en primer lugar para nosotros los humanos. Pero en el momento en que Eva y Adán comieron el fruto del árbol del conocimiento del bien y del mal todo eso cambió.

Mientras estaba en el Instituto Bíblico de Dallas, leí un libro sobre la historia de Adán y Eva, y describía las emociones que sintieron después de desobedecer la advertencia de Dios sobre ese árbol. Al leer sobre los sentimientos de vergüenza, bochorno y pérdida de la inocencia que sintieron después de comer la manzana, literalmente rompí a llorar. Podía imaginarme lo que era tener una comunión perfecta con Dios Padre y, de repente, sentir la separación, el aislamiento y la soledad que debieron de experimentar. La vergüenza que sintieron les hizo sentir la necesidad de esconderse de Dios.

A veces en mi vida he sentido esos sentimientos de separación, soledad, vergüenza y pérdida de la inocencia debido a mis experiencias de niño. Sé lo que es sufrir emocionalmente durante años por un trauma que no fue culpa mía. Me rompió el corazón por Adán y Eva, y por el resto de la humanidad, saber que hemos perdido la relación perfecta con nuestro verdadero Padre, Dios, a causa de nuestro pecado.

Me rompió el corazón ser testigo de la pérdida de inocencia de mis hijos a medida que crecían. Oír cómo el mejor amigo de Jacob le traicionaba sin pensar delante de toda la clase, ver cómo la personalidad de Aaron cambiaba de la noche a la mañana porque una empleada de la guardería le avergonzaba duramente sólo por derramar un poco de leche, y ver cómo le robaban la inocencia a Macy a través de ese iPhone que deseaba desesperadamente y sus experiencias con niñas malas.

El pecado nos separa de Dios. Pero Dios ha hecho un camino para que nuestro pecado sea lavado, perdonado y la pena del pecado pagada... por la sangre de un ser humano inocente, Su hijo Jesús. A veces me he preguntado lo duro que debió ser para Jesús dejar su lugar a la derecha del trono del Padre en el cielo, y bajar a la tierra y vivir una vida humana.

Tenía una comunión perfecta con su Padre Dios, y todos los ángeles del cielo adorándole todo el día, y rodeado de gloria y honor. Pero como Adán y Eva pecaron, y la humanidad quedó bajo la maldición del pecado a partir de ese momento, tenía que haber una forma de redimir a la humanidad para que volviera a tener una relación con Dios.

El pueblo hebreo entiende muy bien el concepto de sacrificios de animales. Durante generaciones, Dios permitió a los hebreos sacrificar un cordero inocente en determinados momentos para pagar por sus pecados. Esto era un remedio temporal para un problema continuo, la separación de Dios.

En el momento señalado, Dios envió a Jesús a la tierra para que experimentara la condición humana, sin dejar de mantener todos sus atributos como Hijo de Dios. Vivió 33 años en la tierra como un hombre (Hijo del Hombre) siendo al mismo tiempo la imagen misma de Dios (Hijo de Dios) como se describe en Colosenses 1:15.

Hasta que no nos reconectemos a nuestra relación con Dios a través de la confianza en Jesús, seguiremos operando bajo la maldición de la vergüenza, la pérdida de la inocencia y la soledad. Estamos perdidos porque estamos separados en nuestro espíritu y alma de la presencia de Dios. Cuando confesamos nuestra fe en Dios, a través de la aceptación de Jesús como Señor y Salvador, nuestro espíritu humano es vivificado por el Espíritu de Dios. A esto se le llama "nacer del Espíritu de Dios".

Él viene realmente a morar en nuestro cuerpo. Nos convertimos en un templo (morada) del Espíritu Santo. En este punto podemos tener comunión con Dios, que es un Espíritu. Hay todo un otro reino de existencia al que tenemos acceso que afecta a nuestros cuerpos, almas y espíritu. Y el reino del Espíritu gobierna sobre el reino natural. También hablaremos de ello más adelante.

Para resumir lo que hemos aprendido del jardín del Edén...

1. Los humanos somos envidiosos por naturaleza y queremos poder y control sobre los demás.

2. No somos muy inteligentes. Somos fácilmente manipulables y tentables.

3. Tendemos a no apreciar lo que se nos da; siempre queremos más.

4. No nos gusta que nos digan lo que tenemos que hacer.

6. No tomamos buenas decisiones hasta que no hemos tomado todas las malas primero.

6. Sin conexión con nuestro Padre celestial nos sentimos perdidos y avergonzados.

7. El plan de Dios siempre ha sido tener una relación íntima con los humanos.

# CAPÍTULO 3

## VERGÜENZA

A medida que he ido estudiando e investigando la naturaleza humana, básicamente para determinar si era normal o no, he encontrado dos mentalidades primarias de hombres y mujeres. Las mujeres, como ellas mismas han admitido, sufren de un sentimiento primario de miedo. Tienen miedo de los animales, de los insectos, de los hombres, del tiempo, de todo. Ansían seguridad y comodidad y buscan a un hombre que les proporcione seguridad.

A los hombres nos aqueja el miedo a no ser lo suficientemente buenos para nuestras mujeres y familias. Ansiamos el afecto de una mujer hermosa y nos sentimos en nuestra mejor forma siempre que estamos proveyéndolas, protegiéndolas y sirviéndolas. Sabemos que las mujeres quieren un buen proveedor, así que nos desgastaremos para complacer y proveer a nuestras mujeres e hijos. Nos sentimos perdidos sin un propósito y sin alguien a quien servir. Estos son los sentimientos básicos comunes de los humanos, pero lo que subyace a ambos es el sentimiento subconsciente de vergüenza.

Recuerde, Adán y Eva estaban desnudos y no sentían vergüenza, hasta que se reveló el conocimiento del bien y del mal. Sentimos vergüenza porque somos conscientes de nuestra fragilidad e ignorancia como humanos. Sabemos que a veces somos estúpidos, egoístas, celosos y todo lo demás. Cuando nos hacen daño, a veces lloramos, y odiamos que la gente nos vea llorar. Queremos desesperadamente sentirnos poderosos, fuertes y con el control, pero en el fondo sabemos que somos débiles y temerosos de muchas cosas.

Cuando tenía unos 5 años estaba jugando al aire libre con mis primos en su barrio. Me tiraron el balón por encima de la cabeza y, mientras lo recuperaba de debajo de un viejo camión abandonado, algo me asustó. El parachoques de ese camión tenía forma y estaba pintado como si tuviera colmillos, ¡Para mí parecía un monstruo que quería comerme!

De niños, nos asustan cosas tontas en las que los adultos ni siquiera pensamos, pero a medida que crecemos, las cosas que tememos crecen con nosotros. Los bebés tienen miedo a los ruidos fuertes, los niños a los monstruos y a los camiones de aspecto aterrador, los adolescentes a no encajar y los adultos a no tener suficiente dinero y a estar solos.

Todos ellos son miedos comunes, propios de la edad, que superamos a medida que crecemos, en términos generales. Pero hay miedos que nos resultan innatos como humanos, que forman parte de nuestra naturaleza humana caída y que nos acechan hasta que descubrimos la verdad sobre nosotros mismos, y sobre nuestro mundo, y sobre Dios.

Existe la vergüenza de ser ingenuos, ignorantes, físicamente débiles, incapaces ante ciertas cosas... la lista es interminable. Una de las bendiciones de envejecer es que, a medida que nos enfrentamos a nuestros miedos, absurdos o reales, y los superamos, crecemos en confianza. Este tipo de vergüenza no es necesariamente mala, porque nos motiva a ser sabios, educarnos, ir al gimnasio, comer bien y aprender las habilidades que queremos adquirir. El conocimiento es poder, y la búsqueda del conocimiento y la comprensión es una de las mayores alegrías que podemos experimentar.

Me encanta aprender cosas nuevas, adquirir nuevas habilidades. He hecho muchas reformas en mi tiempo libre a lo largo de los años, y he recogido muchos consejos de profesionales cualificados. Esos conocimientos me han hecho ganar mucho dinero a través de la remodelación y la inversión inmobiliaria. Aprendí el valor de pedir ayuda.

No hay que avergonzarse de ser ignorante, sino de seguir siéndolo. Nos enfrentamos constantemente a nuevos retos y circunstancias que nos son desconocidos, por lo que siempre estamos en un estado de búsqueda de la verdad y la sabiduría. Te animo a que encuentres el valor para probar cosas nuevas, aprender nuevas habilidades; es lo que hace que la vida sea divertida y gratificante.

Un patrón básico de vergüenza se ha transmitido de generación en generación debido a nuestra ignorancia, falta de paciencia y falta de comprensión. Por ejemplo, considera a una madre que ha llevado a sus hijos con ella al supermercado. Si ese niño tiene 6 años o menos, su capacidad de atención es muy corta y se deja influenciar fácilmente por lo que ve.

Intenta evitar a toda costa el pasillo de los juguetes. Hazme caso, ¡Te arrepentirás! Es normal que los niños se enfaden por algo en el supermercado, ya sea porque quieren algo que no pueden tener, porque les regañan por escaparse o simplemente porque están aburridos o cansados.

Entonces, 9 de cada 10 veces ese padre regañará o avergonzará a su hijo para que se comporte, porque avergonzar es la forma más rápida de cambiar el comportamiento, aunque sea un método hiriente. Hay formas mejores y más amables de remediar el comportamiento, y si esto ocurriera en la intimidad del hogar, el padre podría abordar la situación con más paciencia y compasión. El corazón de los niños es mucho más tierno que el de los adultos, por lo que las palabras duras hacen más daño del que creemos.

El otro día hablaba con un hombre sobre cómo le disciplinaban de niño. Su madre le regañaba y le avergonzaba por hacer algo, y él deseaba en ese momento que ella le diera un azote en vez de hablarle de esa manera. Seguro que todos nos hemos sentido así. La disciplina debe implicar instrucción, pero no tiene por qué implicar avergonzar a nuestros hijos.

Recuerda que hay que enseñarles todo sobre la vida. No somos como los animales, que tienen instintos básicos sobre cómo actuar y sobrevivir. Necesitamos que se nos enseñe mucho más a vivir. Nuestras vidas son mucho más complicadas que las de los animales salvajes y estamos a merced de nuestros padres y abuelos para que nos preparen y nos indiquen la dirección correcta.

Hay muchas lecciones importantes de la vida que nunca nos enseñan en la escuela, la universidad o la iglesia, así que depende de nosotros buscar la comprensión por nosotros mismos. No podemos culpar a los demás de nuestra ignorancia, que nos mantiene en una mentalidad de víctimas. Depende de nosotros profundizar en busca de las respuestas. Me encanta este pasaje de la Biblia en Proverbios 26:2,

*"Como el gorrión en su vagar, y como la golondrina en su vuelo, Así la maldición nunca vendrá sin causa."*

Y este de Romanos 12:2,

*"No os conforméis a este siglo, sino transformaos por medio de la renovación de vuestro entendimiento, para que comprobéis cuál sea la buena voluntad de Dios, agradable y perfecta."*

Si nos negamos a repetir las pautas básicas de la vida y buscamos la verdad superior, nos convertiremos en reyes en la tierra y descubriremos las verdaderas riquezas de la vida. Pide consejo a los más sabios que tú. Abre tu propio camino siguiendo tu propia conciencia. No hay que limitarse a repetir lo que han hecho los demás. Dios te creó para que fueras diferente de los demás. Por desgracia, la mayoría de nosotros sólo queremos mezclarnos y encajar con la multitud.

Otra historia de cómo la vergüenza afectó a un amigo mío fue en el campamento de verano de la iglesia, cuando yo estaba en el instituto. Un día nos dijeron que formáramos grupos e ideáramos una representación que contara una moraleja o lección para todos, y que la mejor representación ganaría un premio el último día del campamento.

Algunos de los mayores, entre los que me encontraba, decidimos hacer una representación muy tonta en la que nos engrasábamos el cuerpo y hacíamos nuestra versión de un concurso de Mr. Así que el viernes, cuando nos llegó el turno, subimos al escenario, nos declaramos "Gigantes espirituales" y empezamos a exprimir nuestros músculos. Por supuesto, pretendía ser gracioso.

Las chicas se morían de risa con nuestra tonta representación, que era lo que esperábamos, y de hecho ganamos el premio a la mejor representación. Pero cuando estábamos arriba, miré a mi alrededor y vi que el único estudiante de primer año que participaba en nuestra representación. Era más joven y naturalmente más pequeño que nosotros, los mayores, así que se esforzaba mucho por parecer tan musculoso como el resto de nosotros. Tenía la cara tan roja por el esfuerzo que me partía de risa.

Sé que aquel estudiante de primer año se avergonzaba de no parecer tan grande o fuerte como los demás, pero no me di cuenta hasta muchos años después de cómo le afectó aquella experiencia. Perdimos el contacto durante muchos años después del instituto, pero nos hicimos amigos en Facebook de adultos. La mayoría de sus mensajes eran sobre sus entrenamientos y competiciones de levantamiento de pesas. La vergüenza que sintió aquel día le afectó mucho. Muchos atletas profesionales se ven impulsados a triunfar por no estar a la altura cuando eran más jóvenes.

También existe un tipo de vergüenza más cruel e intrusiva que puede alterar nuestra personalidad durante años, hasta que somos conscientes de ello. Existe un espíritu demoníaco de la vergüenza que puede apoderarse de nuestros pensamientos y emociones a través de una experiencia traumática o de una exposición prolongada al abuso. Este tipo de vergüenza no puede superarse simplemente aprendiendo nuevas habilidades para la vida. Mi alma fue sometida a este tipo de vergüenza cuando era un niño de 3 años.

Mi hermana mayor me contó esta historia décadas después, cuando hablábamos de nuestras experiencias con nuestros 3 padres. Contó que un día mi padre biológico nos llevó a ella y a mí a jugar al parque. Al parecer, yo me había caído jugando, me había raspado la rodilla y me puse a llorar. Recuerda que sólo tenía tres años.

Tal vez debería comenzar esta historia con una visión de mi padre. Mi madre decía que era un marido bastante bueno hasta el día en que se convirtió en padre, momento en que empezó a ir a los bares por las noches en lugar de volver a casa con su mujer y sus hijos. Algo se rompió en él que le asustó o le abrumó respecto a ser padre. Al parecer, esto no es infrecuente. Hace muchos años, uno de nuestros amigos de la iglesia se metió una escopeta en la boca la semana antes de que naciera su primer hijo. Era el líder de nuestro grupo de matrimonios jóvenes. Aquello escandalizó a todo el mundo.

No estoy juzgando a nadie, porque yo también fui padre de niños pequeños. Sé que las mujeres están mucho mejor preparadas para ocuparse de niños pequeños. Puede ser duro para un hombre ocuparse de un bebé que llora. Sólo el tono agudo de sus gritos es doloroso para los tímpanos de un hombre. No estoy poniendo excusas, sólo es una observación. Volviendo a mi historia...

Así que allí estábamos en el parque. Acababa de hacerme daño y estaba llorando por ello, y habría sido estupendo que mi padre me hubiera tomado en brazos, me hubiera sacudido el polvo y me hubiera consolado, pero no fue así. Sólo puedo suponer que mi padre se sintió avergonzado por mi llanto y por la atención negativa que atrajo sobre nuestra situación. También es muy probable que hubiera estado bebiendo. Su vergüenza y frustración le llevaron a avergonzarme y darme patadas mientras yo yacía en el suelo llorando. ¡A un niño de 3 años!

En realidad, no importa lo fuerte que me pateara ni las palabras exactas que utilizara para avergonzarme; la mera experiencia para mi tierno corazón de 3 años fue suficiente para dejar una cicatriz en mi subconsciente durante los siguientes 50 años de mi vida. Y no se sabe cuántas otras experiencias abusivas quedaron registradas en mi subconsciente durante aquellos días. Nuestra madre nos contaba historias espeluznantes de sus ataques de furia cuando estaba borracho.

Pero, como he dicho antes, yo no recordaba conscientemente esas experiencias en absoluto; mi hermana me lo contó de adulta. Sólo en una sesión de asesoramiento, cuando era un hombre de 57 años, me lo reveló el Espíritu Santo. Esta historia tiene un hermoso final que revelaré en un capítulo posterior, pero por ahora esto sólo explica la forma en que la vergüenza entró en mi vida a una edad tan temprana, teniendo un profundo efecto en casi todas las relaciones de mi vida.

Afectó especialmente a mi relación conmigo mismo a medida que crecía, haciéndome sentir que tenía que reprimir mi necesidad de ser consolado. No me permitía expresar sentimientos negativos, porque podían castigarme por ello. A medida que crecía, reprimía mis necesidades y sólo buscaba satisfacer las necesidades de los demás. Ésta es una respuesta muy común a vivir con un padre alcohólico y abusivo, y se llama codependencia.

Ése es sin duda un ejemplo más extremo de cómo la vergüenza entra en nuestras vidas, pero es más común de lo que pensamos. La mayoría de los padres ni siquiera se dan cuenta de que lo que hacen es abusivo, porque ellos también fueron tratados así de niños. No es más que un cruel patrón transmitido de generación en generación, y es tan común que ni siquiera le damos importancia.

Mi padre biológico no fue una buena influencia para mí. Era alcohólico, narcisista y simplemente malo cuando estaba borracho. El único "consejo" que recuerdo haber recibido de él era decirme cómo manipular a las mujeres para echar un polvo. Creo que entonces yo tenía 15 años. Sí, una gran influencia.

He advertido a mis hijos adultos que sean conscientes del creciente engaño en el mundo e incluso en nuestras iglesias, y que busquen la verdad en todas las cosas que les conciernen. Si algo no te parece correcto, escucha tu voz interior y busca más información sobre el tema. La Biblia es la mayor fuente de verdad que existe, e incluye sabiduría muy práctica y cotidiana sobre cómo vivir. 1 Pedro 1:18 dice que Dios puede redimirnos del modo de vida vacío que nos han transmitido nuestros antepasados. Ésa es la buena noticia.

Permíteme terminar este tema sobre el poder de la vergüenza diciendo lo siguiente. He hablado de nuestra fragilidad humana, de nuestras tendencias malsanas, de nuestra ignorancia básica sobre todas las cosas y de nuestra necesidad de aprender y buscar la verdad en todas las cosas. Por desgracia, afrontar nuestras debilidades y nuestros miedos requiere esfuerzo y valor, por lo que muchos de nosotros volvemos a culpar a los demás de nuestro mal comportamiento para no tener que enfrentarnos a nuestros propios traspiés.

Quiero dedicar un momento a recomendarte a una mujer llamada Brene' Brown. Conocí su trabajo hace unos años y me impresionó mucho. Ha dedicado mucho tiempo a investigar, entrevistar y asesorar a personas sobre la influencia de la vergüenza.

Es un recurso excelente si quieres profundizar realmente en el tema. Siento un gran respeto y aprecio por ella y por su deseo de ayudar a la gente a sanar. Tiene libros estupendos y vídeos estupendos en YouTube. Yo sólo puedo dar una visión laica de estos temas, y lo que he aprendido ha sido por necesidad y por la gracia de Dios.

# CAPÍTULO 4

## NUESTRA RESPUESTA AL DOLOR

Sé que Dios nos da a todos distintos tipos de personalidad, con diferentes puntos fuertes y debilidades. Me gusta el hecho de que Dios afirme en el Salmo 139 que fue Él quien nos formó en el vientre materno y con su sabiduría creó nuestras entrañas. Tiene una razón y un plan para todos los que nacemos, y ya nos ha equipado desde el nacimiento con las aptitudes y personalidades necesarias para cumplir nuestra misión.

Yo solía despreciar el hecho de tener una personalidad melancólica y de ser tan sensible a ciertas cosas. Cuando era pequeña, aunque había experimentado traumas vitales en mi subconsciente, seguí teniendo una infancia bastante normal. Mi hermana mayor Rhonda y yo jugábamos mucho juntos y ella me enseñó muchas cosas, incluso a meterme en líos.

Mi madre me contó que, cuando éramos pequeños, Rhonda hablaba por mí. Supongo que le gustaba tener un hermano pequeño al que controlar y mandar. Mamá acabó diciéndole que me dejara hablar por mí mismo, menos mal. Pero en realidad no me importaba quedarme en un segundo plano, seguir el ejemplo de los demás y seguirles la corriente. Mis primos eran unos años mayores que yo, así que a menudo les seguía y hacía lo que querían.

Mi papel relajado y pasivo de hermano pequeño y primo pequeño me resultó cómodo durante muchos años, pero al final tuve que valerme por mí mismo cuando entré en primaria. En primer curso, un día tuve muchas ganas de orinar. Nuestra profesora siempre decía que si alguien tenía que ir, levantara la mano. Cada vez que levantaba la mano, alguien se me adelantaba, de modo que cuando por fin me tocaba a mí, ya me lloraban los ojos.

Cuando cerré la puerta, no pude aguantarme más y me meé encima. Empecé a llorar y toda la clase lo sabía. Fui el último en hacer mis necesidades. Es un ejemplo gracioso de mi timidez, pero hubo muchas veces en las que no defendí mis derechos o necesidades. Fuera cual fuera el motivo, la mayor parte de mi vida creí que los demás tenían derecho a satisfacer sus necesidades antes que las mías.

Mi madre se divorció de mi padre cuando yo tenía 4 años, pero él venía de vez en cuando a vernos cuando le apetecía. La noche de mi ceremonia de graduación, me llevó a cenar y, entre sus flirteos con la camarera, me encargó un trabajo que nunca me correspondió. Me dijo: "Como ya no estoy, tienes que cuidar de tus hermanas por mí". Inmediatamente pensé: "Pero ése es tu trabajo".

Ésa es una de las formas clásicas en que las personas narcisistas y alcohólicas trasladan sus responsabilidades a los demás. He visto hogares en los que el niño es más maduro que el adulto. Eso es abuso emocional y mental de un niño. Aunque sabía que estaba mal, hay una línea fine entre ayudar a la gente y rescatarla de sus propias responsabilidades. Las personas deben asumir la responsabilidad de sus propias vidas, y cuando las rescatamos, les impedimos crecer.

La relación entre el narcisista y el codependiente está bien estudiada porque es muy común; de hecho, el narcisismo se está convirtiendo rápidamente en la peor epidemia del siglo XXI. El auge de la tecnología, el sistema crediticio para conseguir bienes y los lujos extravagantes de los que disfrutamos a diario han arruinado nuestras relaciones. Nos hemos vuelto unos mimados, con derechos, impacientes y egoístas como en ningún otro momento de la historia.

Nuestros hijos ya no necesitan a sus padres porque Siri y Google han ocupado su lugar. YouTube y TikTok enseñan ahora a nuestros hijos lo que es popular, haciendo que se erosionen nuestra moral básica y la amabilidad humana. Facebook nos ha envalentonado para ridiculizar y avergonzar a la gente desde la distancia, y así no sufrimos las consecuencias de nuestro mal comportamiento.

Cuando yo era niño, todos salíamos a la calle y hacíamos deporte después del colegio, interactuando entre nosotros y aprendiendo a llevarnos bien. Ahora, las redes sociales permiten a los niños decir lo que quieran sin repercusiones. Ya no hay responsabilidad social, por lo que a nuestros hijos rara vez se les llama la atención o se les corrige. Suponen que su opinión es correcta siempre que a algunas personas "les guste" lo que publican.

Estas cosas han fomentado el surgimiento de mentalidades ensimismadas, de "mírame", que han cambiado por completo la atmósfera de las escuelas públicas, las universidades e incluso nuestras iglesias. Esto es narcisismo puro. Es una actitud egocéntrica que sólo se preocupa de sí misma. Está impulsada por el ego y es manipuladora, y está destruyendo la naturaleza generosa de la gente dulce.

Estos narcisistas buscan personas amables que satisfagan sus necesidades porque saben que aguantarán abusos durante años y años. Ciertamente, yo soporté a los narcisistas en mi vida durante años, hasta que me harté y me enfrenté a ellos.

Después de escuchar las historias de una amiga sobre los abusos que su familia le infligió, veo que no se le permitió tener voz cuando era niña. No se le permitió oponerse a los deseos de sus padres, ni siquiera cuando eran abusivos. Los adultos de su vida rompieron constantemente los límites, de modo que tuvo que construir un muro defensivo alrededor de su corazón sólo para sobrevivir. Le resulta muy difícil confiar en la gente y creer que alguien tiene realmente buenas intenciones hacia ella.

Tuvo que cortar con su yo emocional y ponerse una falsa "máscara de felicidad" para evitar que su familia la avergonzara por ser una niña normal con emociones normales. Actuaba feliz por fuera, pero por dentro la consumían la rabia, la vergüenza y la envidia. Mi experiencia no parece tan mala en comparación.

Ansiaba tener novia durante mi adolescencia y juventud, pero era algo tímido, aunque resultaba atractivo para las chicas. Simplemente estaba atrofiado emocionalmente por la falta de un apego adecuado a mi padre cuando era niño. Los psicólogos te dirán que es la relación paterna la que da al niño el sentimiento adecuado de confianza. Lo siento, señoras, así es como Dios lo diseñó. El niño aprende el vínculo emocional y social de la madre.

Cuando tus emociones son heridas profundamente en la infancia, literalmente dejas de crecer emocionalmente hasta que se elimina el bloqueo, hasta que se sana la herida. Los narcisistas casi nunca pueden aceptar la responsabilidad de sus fracasos, deben negar o culpar a los demás de su comportamiento. No hay forma de sanar un trauma si nunca asumes la responsabilidad de buscar la sanación, si te mantienes en un estado constante de victimismo, culpando a otras personas de tu dolor.

Los humanos tendemos a responder al conflicto con una actitud defensiva en un primer momento. Nuestro orgullo, nuestra vergüenza, nuestros sentimientos de miedo y rechazo entran en acción, lo que hace muy difícil resolver cualquier conflicto. Se necesitan dos personas abiertas y humildes para resolver los conflictos. Tenemos que dejar atrás nuestras inseguridades y centrarnos en el objetivo común de la unidad y la cooperación para encontrar una solución saludable.

Si una pareja no puede sentirse lo bastante segura como para hablar de las cosas sin ponerse a la defensiva, nunca podrá resolver ningún conflicto. Las investigaciones afirman que las parejas estrechan sus lazos cuando resuelven sus conflictos juntos. Nuestros miedos humanos básicos pueden impedir el proceso de crecimiento, haciendo que rehuyamos procesar nuestros sentimientos mutuamente.

Fuimos creados para establecer vínculos con otros seres humanos, para necesitar su apoyo y que nos ofrezcan perspectivas alternativas sobre nosotros. Todos tenemos puntos ciegos, igual que cuando conducimos un coche. Tenemos puntos fuertes y débiles, y generalmente nos sentimos atraídos por personas que son fuertes donde nosotros somos débiles, y viceversa. Nos necesitamos los unos a los otros. Por eso Dios dice que no es bueno que el hombre esté solo.

Nuestra vergüenza quiere que nos aislemos de los demás. No queremos pedir ayuda por miedo a que nos ridiculicen, incluso cuando más la necesitamos. Eso es lo peor de la naturaleza humana: nos escondemos de la gente cuando más los necesitamos.

Entonces, ¿Qué hace mucha gente cuando se siente herida, rechazada y sola, pero no se siente lo bastante segura como para pedir ayuda? Todo tipo de mecanismos de afrontamiento, desde comer en exceso, a las drogas, la promiscuidad, los atracones de Netflix, la bebida... básicamente cualquier cosa para distraernos de nuestros sentimientos.

Cuando era joven y me enfadaba por algo, cogía mi pelota de baloncesto y tiraba a canasta durante largos periodos de tiempo. Continué con esa práctica durante el resto de mi vida. Cuando me enfadaba iba a lanzar al aro; por eso tengo un tiro espectacular, incluso a mi edad. Tonterías. En realidad, el ejercicio es una forma estupenda de calmarnos cuando estamos alterados. Como soy licenciada en Ciencias del Ejercicio y del Deporte, sé que el ejercicio es una de las mejores formas de liberar a nuestro cuerpo del estrés.

El estrés emocional estimula nuestra respuesta de adrenalina de "lucha o huida", y el ejercicio quema el exceso de adrenalina. Cuando nuestro cuerpo se recupera del exceso de adrenalina, podemos calmarnos lo suficiente para pensar racionalmente sobre el factor estresante. Mi modo favorito de calmarme tras una respuesta de estrés agudo es correr, jugar al baloncesto o, lo que es más satisfactorio, batear pelotas de béisbol. Fingía que la pelota de béisbol era mi problema y le daba una paliza. Muy satisfactorio; y una forma más sana de calmarse.

Pero la respuesta más común al dolor que sentimos en la vida es buscar una distracción de ese dolor. Si nos permitiéramos hablar de nuestros sufrimientos sin miedo al rechazo, quizá no tendríamos que sufrir tanto y durante tanto tiempo. Otra cruel ironía es que, cuando la gente nos hace daño, nos cuesta abrirnos a otros seres humanos por miedo a sufrir más rechazo. Cuando no pude encontrar la ayuda que necesitaba en el entorno eclesiástico, encontré compasión en varios grupos de apoyo de personas que habían experimentado pérdidas.

¿Y si hubiera una persona tan cariñosa, afectuosa y compasiva a la que pudiéramos decirle cualquier cosa? ¿No estaría bien? ¿Te has dado cuenta de que Jesús sufrió todos los dolores que nosotros experimentamos cuando vivió en la tierra durante 33 años?

*"Porque no tenemos un sumo sacerdote que no pueda compadecerse de nuestras debilidades, sino uno que fue tentado en todo según nuestra semejanza, pero sin pecado" Hebreos 4:15*

Tengo la gran suerte de haber establecido una relación con Jesús a una edad temprana, pero le malinterpreté durante varios años. A veces, la gente de la iglesia nos da la impresión de que Dios es un tipo malo con un interruptor, que quiere dar una paliza a quien se pase de la raya. He descubierto que eso no podría estar más lejos de la verdad. He descubierto que Dios está más cerca de nosotros cuando más le necesitamos.

*"Por la misericordia de Jehová no hemos sido consumidos, porque nunca decayeron sus misericordias." Lamentaciones 3:22*

# CAPÍTULO 5

## EL CHICO SENSIBLE

Cuando mi madre tenía 25 años, era madre soltera de tres hijos, uno de ellos recién nacido. Debido a los malos tratos sufridos a manos de mi padre, tomó la inteligente decisión de divorciarse de él para nuestra protección. Con el tiempo, volvió a casarse con un hombre mayor, que ya tenía hijos adultos, y que decidió rápidamente que no estaba preparado para volver a tener hijos a su edad. Se divorciaron al cabo de un año.

Entonces se casó con el hombre que sería la figura paterna que más recuerdo. Don fue mi padrastro durante 13 años, desde que yo tenía 9 hasta los 22 años. Rara vez bebía, tenía un buen trabajo como ingeniero y venía a casa después del trabajo todas las noches. Un buen comienzo comparado con los dos hombres anteriores de su vida.

Pronto se nos quedó pequeño el piso de 2 habitaciones y encontramos una casa al otro lado de la ciudad, en un barrio mucho mejor que tenía muchos niños de mi edad. Era el verano anterior a mi 5º curso, y mis nuevos amigos me enseñaron a practicar todo tipo de deportes, como fútbol, baloncesto, béisbol, golf e incluso bolos. Era una época estupenda para ser niño a mediados de los 70, jugando al aire libre todo el tiempo y haciendo amigos. Me moría de ganas de salir después del colegio y los sábados para jugar con mis nuevos amigos.

Sin embargo, mi padrastro tenía otros planes para mí. Nuestra casa necesitaba muchas reformas y reparaciones, así que mi padrastro siempre estaba empezando algún proyecto los fines de semana. En vez de jugar con mis amigos, Don me obligaba a ayudarle con muchos proyectos caseros. En vez de jugar al fútbol y al baloncesto con mis amigos, me dedicaba a lijar, raspar, cavar y buscar herramientas para él.

Don apenas me hablaba cuando trabajábamos. Yo sólo tenía que esperar para ir a buscarle herramientas cuando las necesitaba. No me enseñaba nada verbalmente, sólo tenía que observar lo que hacía. Era angustioso para mí.

Éstas eran mis actividades normales de fin de semana, hasta que conseguí un trabajo remunerado en Chinese Kitchen cuando tenía 15 años. En retrospectiva, aprendí a utilizar herramientas eléctricas, a pensar de forma creativa y a hacer un trabajo bien a la primera, lo que me benefició mucho de adulto. A veces Don era impaciente conmigo y tenía expectativas poco realistas, pero me enseñó a trabajar, lo que me ha beneficiado mucho.

Un día estaba haciendo un banco de trabajo casero e intentaba cortar las patas todas a la vez. Mi trabajo consistía en mantener juntas 4 piezas de 1x4 para que pudiera cortarlas todas a la vez. Como mis manos eran demasiado pequeñas para mantener las piezas juntas, se me escaparon de las manos cuando empezó a cortar.

Debería haber utilizado una pinza para mantener las piezas unidas, pero en vez de eso me regañó y me avergonzó por no ser capaz de hacer el trabajo. ¡Sólo tenía 11 años! Debería haber sabido que no iba a funcionar. Su forma de pegarme me asustó mucho, y probablemente desencadenó los recuerdos subconscientes de los desplantes alcohólicos de mi verdadero padre.

Aquel episodio me hizo temer fracasar en cualquier cosa a medida que crecía. Desencadenó mi respuesta de vergüenza, diciéndome que mis mejores esfuerzos nunca serían lo bastante buenos. Empecé a tener miedo de ese hombre, por no decir otra cosa, y empecé a preguntarme si todos los hombres eran maltratadores.

En otra ocasión, cuando probablemente tenía 15 años, nos llamaron para que fuéramos a cenar. Yo estaba en el baño y fui el último en sentarme. Don dijo: "¡Ve a lavarte las manos, jovencito!". Le contesté en tono defensivo: "¡Acabo de hacerlo!".

Procedió a llamarme mentiroso, sacó el cinturón y empezó a azotarme delante de todos hasta que mi madre le detuvo. Estaba indignada por su comportamiento y se enzarzaron en una pelea muy desagradable delante de nosotros. Mis hermanas huyeron a su dormitorio, se sentaron en el borde de la cama, se mantuvieron abrazadas y lloraron. Pero si crees que yo lo pasé peor que mis hermanas, quizá te equivoques.

Años después, mis dos hermanas afirmaron que a veces intentaba seducirlas. A menudo me he preguntado por qué Dios permite que ocurran cosas tan malas a niños inocentes. Creo que se remonta a nuestro libre albedrío como humanos. Sé que Dios impide muchas cosas, pero a veces permite que el mal nos toque.

Cuando estaba en la universidad, trabajé en un RV dealership bajo la supervisión de un buen hombre piadoso, que un día me enseñó una valiosa lección. Una noche, a las 2 de la madrugada, Bryan, el hijo de mi jefe, me llamó diciendo que me necesitaban en el trabajo. Por supuesto, pensé que me estaba gastando una broma, así que me reí sarcásticamente.

Me dijo: "Ha habido una tormenta y se ha estropeado mucho Recinto". Le dije: "Ahora voy". Había ocurrido un pequeño tornado, acompañado de enormes granizos que destrozaron las rejillas de ventilación de los tejados y las ventanas de casi todas las caravanas que teníamos.

Después de trabajar desde las 2 de la madrugada hasta las 10 de esa mañana, reparando lo que podíamos y tapando el resto, mi jefe dijo algo que nunca olvidaré: "Bueno, supongo que es demasiado tarde para orar; lo único que podemos hacer ahora es dar las gracias."

Lo primero que se me ocurrió fue: "¿Dar gracias? ¿Por qué? Te acaban de destrozar el negocio". En realidad no nos habían destrozado el negocio, pero en aquel momento lo parecía. Mientras pensaba en lo que había dicho, empecé a comprender lo que quería decir.

Tenía razón en que era demasiado tarde para evitar los daños, pero casi todo puede repararse o sustituirse. Del mismo modo, puede que no hayamos podido evitar que las tormentas destrozaran partes de nuestras vidas, pero Dios es capaz de tomar los trozos rotos de nuestras vidas y reconstruirnos como nuevos si simplemente le dejamos entrar y le pedimos ayuda. Cualquier cosa puede repararse o sustituirse, incluso nuestras emociones y recuerdos.

En el verano anterior a mi 8º curso, empezamos un proyecto de 3 meses de duración para derribar nuestra desgastada valla y construir una nueva. Podríamos haber construido una nueva valla de madera en un par de semanas, pero mi padrastro quería construir una valla de bloques de hormigón utilizando materiales recuperados del famoso tornado F5 que asoló Lubbock en 1970.

Nos llevó literalmente todo el verano, trabajando los fines de semana, terminarla. Por mucho que mi madre intentara razonar con él, mi padrastro no nos dejó ir a la iglesia ese verano. De todos modos, nunca iba a la iglesia con nosotros, a menos que su madre viniera a visitarnos, momento en el que de repente nos hacíamos miembros de la Iglesia de Cristo.

En aquel momento me hizo gracia ver lo asustado que estaba de su madre. Quería evitar la vergüenza que habría recibido de su madre si ella hubiera sabido que no iba a la iglesia. Me alegraba de que mi madre siempre nos llevara a la iglesia para que oyéramos hablar del amor de Dios y de Jesús. Aquel verano me pasó factura, porque mi padrastro abusaba verbalmente de mí a veces, y le pedía mucho a un niño de 13 años.

Mis años de secundaria tuvieron su parte de altibajos. Me convertí en el lanzador principal de nuestro equipo de béisbol y fui 6-1 como titular, llegando a formar parte del equipo All-star. También gané el título de bateo con una media de bateo de .471. Tenía toda una estantería llena de trofeos. Me convertí en un buen lanzador practicando con mi primo mayor Rodney. Él era muy bueno, y yo mejoré intentando seguirle el ritmo. También disfruté de la experiencia de ensueño de ganar un partido con las bases llenas, dos outs, una carrera por detrás y yo bateando un doble ganador. ¡Dos pies más y habría sido un grand slam!

En 7º curso, mi mejor amigo Terry y yo ganamos los puestos de receptores en nuestro equipo de YFL. Cuando hacíamos las pruebas para el puesto, yo atrapaba todo lo que me lanzaban. Terry y yo habíamos pasado horas y horas jugando a atrapar en nuestra cuadra, así que éramos bastante buenos.

Después de la prueba, el entrenador reunió al equipo, pero me dijo que hiciera un pase lejano. Me lanzó una bola de 40 yardas y me estiré para atraparla. Dijo asombrado: "¡Hombre, ese chico tiene manos!". Así que mi quarterback Mike empezó a llamarme "manos" a partir de entonces. Eran buenos tiempos.

En 8º curso, después de pasarme el verano construyendo aquella valla y faltando a la iglesia, recuerdo que una noche, después de cenar, fui al salón, encendí la tele, me senté en el sofá y empecé a sollozar en silencio. Mi madre entró preguntándome qué me pasaba, y lo único que pude decir fue: "No lo sé". Los chicos de 13 años pueden sentir emociones sin ser capaces de etiquetarlas.

Muchas mañanas de aquel año tuve miedo de ir al colegio, porque me asustaba e intimidaba nuestro entrenador de fútbol de 8º curso, que también era mi profesor de estudios sociales. Era duro e intimidatorio, y amenazaba con "clavarnos contra la pared" si metíamos la pata en su clase.

La mayoría de los niños sabíamos que exageraba para que todos supiéramos que era el jefe, pero debido a mi historia con los adultos, ¡Me asustaba muchísimo! Algunos días me ponía literalmente enferma de miedo porque tenía que ver a ese tipo en clase y en el fútbol. Fueron días muy duros para mí.

Al final, mi madre me llevó un día a ver al orientador del colegio a causa de mis miedos. Era un buen hombre, y me dio algunos consejos para pasar unos días más, pero sólo estaba arañando la superficie de los profundos problemas que yacían dentro de mi corazón. Dios tuvo que intervenir por mí para sacarme del ciclo de miedo en el que me encontraba, así que permitió que un día sufriera una importante lesión de espalda en el entrenamiento de fútbol, y de golpe me vi fuera del fútbol y lejos de aquel entrenador.

Bueno, ¡Funcionó! Mi miedo a ir a la escuela terminó bruscamente. Dios promete abrirnos una vía de escape, para que podamos soportar la presión, y le agradecí que lo hiciera por mí. Aunque eché de menos jugar al fútbol.

Pero no estaba curado, aunque Dios me alivió de aquella situación, hubo otras situaciones que surgieron más tarde. Por ejemplo, en mi clase de inglés de 8º grado tuvimos que hacer un examen oral un día, y siempre me habían dado mucho miedo esas cosas. En cuanto nos asignaban un informe oral, volvía a empezar el ciclo de miedo/vergüenza, así que durante semanas agonizaba sólo de pensar en ello.

Esta vez me iba bastante bien hasta que uno de mis "amigos" decidió burlarse de mí en medio de mi exposición. Mis emociones se apoderaron de mí y tuve que sentarme, porque empecé a sollozar de nuevo. Mi profesor le reprendió y pronto recuperé la compostura, pero el daño a mi reputación estaba hecho.

Pronto se corrió la voz de lo que había pasado sobre mí en el colegio, y pasé a ser conocido como el "chico sensible". Qué vergüenza... ¡Que tus compañeros te conozcan como el chico sensible del colegio! Sólo hubo una persona que me mencionó el incidente, así que me alegré de que no me ridiculizaran por llorar. Los niños tuvieron la amabilidad de no avergonzarme nunca por ello.

Me preguntaba por qué era tan sensible a esas cosas. Ahora, miro atrás y me pregunto cómo sobreviví a aquellos días tan duros. Quizá el hecho de que fuera un buen chico ayudó. Como era un buen atleta, hacía amigos varones con facilidad. También sabía escuchar y me reía de los chistes de todo el mundo. Esa es una forma estupenda de caerle bien a la gente. Practicar todo tipo de deportes también me ayudó a superar aquellos días, pues me dio cierta confidencia, que realmente necesitaba en aquella época.

Cuando entré en el instituto, empecé a fijarme en las chicas guapas que me rodeaban y, francamente, ellas también empezaron a fijarse en mí. Mi personalidad era callada y tímida, pero también gentil y amable. En el primer ciclo de secundaria, uno de mis profesores escribió una nota muy bonita en mi boletín de notas: "Coby es amable y simpático, y es un placer tenerlo en clase".

Fue muy agradable oírlo de un hombre adulto, teniendo en cuenta mi historia con otros hombres adultos. Tuve que buscar en el diccionario la definición de "afable" y me sentí muy flatisfecha por el cumplido. De hecho, el Señor me bendijo con varios buenos profesores varones en el instituto, y eso me ayudó a no estereotipar a todos los hombres como maltratadores. Me alegro de que el Señor me diera éxito en ciertas cosas durante esos años, pero había zonas ocultas de mi corazón que pronto se revelarían.

# CAPÍTULO 6

## DESPERTAR ESPIRITUAL

El verano anterior a mi tercer año de instituto tuve la oportunidad de ir de campamento con unos amigos de la iglesia. Kerrville, Texas, era un lugar precioso, y sería una semana que cambiaría mi vida. Había pedido a Jesús que entrara en mi corazón cuando tenía 10 años, pero en realidad no tenía ni idea de quién era. Antes de eso, oír sermones sólo me hacía sentir culpable por no ser mejor persona. Pero el campamento de verano era muy divertido: practicar deportes, nadar, cantar, mirar a chicas guapas y, por supuesto, las reuniones nocturnas.

Nuestra iglesia, la Trinity Church de Lubbock, ha sido una iglesia evangélica completa desde su fundación, y estuvimos expuestos a enseñanzas sobre el papel del Espíritu Santo en el camino cristiano. Había oído a varias personas hablar en lenguas durante los servicios, así que no me asustaba en absoluto; de hecho, me interesaba mucho saber más sobre ello.

Cuando me dirigía a nuestro servicio del miércoles por la noche, uno de los pastores del campamento me alcanzó y empezó a preguntarme cómo me iba en mi camino cristiano. Por suerte, otro chico se acercó y entabló conversación con él, porque yo tenía miedo de admitir que no sabía gran cosa sobre mi fe cristiana, excepto que se supone que debo actuar correctamente. Todo eso estaba a punto de cambiar.

Durante aquel servicio del miércoles por la noche, el pastor Paul preguntó si alguien quería recibir el bautismo del Espíritu Santo. Como yo estaba sentado cerca de la parte delantera, fui el primero en subir. Aquella noche, varios de nosotros oramos para recibir el bautismo del Espíritu Santo en nuestras vidas. ¡Las horas siguientes me cambiaron la vida! Amigo, se me saltan las lágrimas sólo de escribirlo.

Empezamos adorando al Señor, luego los pastores empezaron a imponer las manos sobre nuestras cabezas para recibir el Espíritu Santo según el modelo establecido en las Escrituras. Pronto experimenté una increíble sensación de la presencia de Dios que se derramaba sobre mí como una cálida ducha. Dije algunas palabras extrañas que me sonaron a chino, pero la presencia del amor puro de Dios fue el verdadero cambio.

Nunca antes había sentido tanto amor y aceptación en mi corazón y en mi mente. Mi espíritu humano cobró vida dentro de mí gracias a la presencia del Espíritu Santo. De repente, ¡Me sentí verdaderamente vivo por primera vez en mi vida! Sentí la presencia de Dios, amor por los demás, aceptación de Dios y una enorme sed de saber más de Dios.

Nunca había abierto la Biblia fuera de la iglesia, pero ahora quería leer todo lo que pudiera sobre Jesús. Hablar en lenguas era interesante, ¡Pero no era nada comparado con la sensación de amor puro que proviene de la presencia de Dios! Fue el mayor éxtasis que jamás había experimentado, ¡Y no hubo efectos secundarios negativos! Nunca he consumido drogas, por si te lo estabas preguntando.

El resto de la noche consistió en abrazos, oraciones, conversaciones y lágrimas de alegría. Dios nos visitó aquella noche, y para mí fue el comienzo de esa nueva creación de la que se habla en 2 Corintios 5:17.

*"De modo que si alguno está en Cristo, nueva criatura es; las cosas viejas pasaron; he aquí todas son hechas nuevas."*

Al final de aquella semana, cuando todo el mundo volvía a casa, muchos de nosotros habíamos cambiado. Para mí fue el principio de la esperanza. Era la promesa de algo mejor en mi vida, era una sensación nueva e impresionante. La semana siguiente me pidieron que fuera orientador en nuestro campamento de niños de primaria, y mi jefe tuvo la amabilidad de dejarme salir del trabajo. Estuve a cargo de media docena de los jóvenes más brillantes de nuestra iglesia, ¡Y lo pasamos genial! Me vino bien participar en el ministerio. Aquella semana sentí el amor y la compasión del Señor por los demás, y el Señor me otorgó su favor con los chicos.

En los meses siguientes empecé a leer todas las Escrituras que podía, y mi vida de oración también empezó a despegar. Llegaba a casa de la escuela, me arrodillaba en mi cama y pasaba tiempo con el Señor hasta que llegaba la hora de ir a trabajar al restaurante Chinese Kitchen. Fue una buena época en mi vida, una época de nuevos comienzos y nuevas perspectivas.

El director de juventud de Trinity me llamó un día y me preguntó si quería ayudar con la clase de secundaria, y acepté con entusiasmo. Hice todo lo que pude para ayudar, e incluso tuve la oportunidad de dirigir un curso bíblico para los chicos. Fue estupendo conocer a los chicos, pero ministrar y orar por ellos fue mi bendición.

Por primera vez en mi vida me sentí querido, necesario y apreciado. Ser utilizado por Dios para Sus propósitos fue la experiencia más plena de mi vida. También me admiraban los que me rodeaban y experimenté el favor y la popularidad de los niños.

La plegaria que más oré durante este periodo fue para que mi padrastro se salvara. Era mi máxima prioridad, el deseo número uno de mi corazón, que Don se salvara, experimentara el amor de Dios y luego nos pidiera perdón a todos por las cosas terribles que nos hizo. Sí, admito que era en parte altruista y en parte egoísta. Entonces pensé que podríamos ser la familia feliz que siempre había deseado. Por desgracia, era un hombre testarudo y emocionalmente cerrado que pensaba que la iglesia era sólo para mujeres y niños.

Cada vez que intentaba hablarle del Señor, me rechazaba o incluso me ridiculizaba. Seguí orando y esperando un milagro, porque ése era con mucho el deseo más profundo de mi corazón: tener un padre piadoso por una vez en mi vida. Pero como muchos de nosotros sabemos, puede que haya un varón adulto en el hogar, pero puede que no sea un padre bueno y cariñoso.

Cuando mi hija Macy tenía 5 años me preguntó: "Papá, ¿Es Dios tan grande como tú?". Le contesté riendo: "¡No, Dios es mucho más grande que yo!". Su pregunta me recordó lo importante que es para un niño tener un buen padre, porque los padres representamos a Dios para nuestros hijos.

Si alguien nunca conoció a su padre, puede que le cueste creer en Dios. Si alguien tuvo un buen padre, fácilmente podrá creer en Dios, pero si alguien tuvo una mala experiencia con un padre, puede pensar que Dios es alguien mezquino, iracundo y sentencioso al que le importan un bledo.

Mi padrastro me hizo un daño que provocó que a veces tuviera una actitud inadecuada hacia el Señor. Siempre que le hacía una pregunta a Don, solía ignorarme, como si ni siquiera se la hubiera hecho. En aquel momento no entendía por qué me ignoraba, pero ahora lo entiendo mucho mejor.

La forma en que me afectó fue en mis momentos de oración con el Señor. A veces sentía la tentación de pensar que era egoísta orar por mí mismo. Podía orar fácilmente por las necesidades de los demás, pero orar por mí mismo era una lucha. En mi subconsciente sentía que no estaba bien que yo tuviera necesidades. O peor aún, que quizá no era merecedor del amor de Dios como los demás. Los conflictos no resueltos pasan de una relación a otra hasta que se resuelven.

Sé que muchos de nosotros tendemos a pensar así, que Dios ama a otras personas más que a nosotros, pues de lo contrario nos habría dado padres cariñosos como los que tienen nuestros amigos. Crecí resentido con Dios por no satisfacer mi necesidad de un buen papá. Por suerte para mí, Dios miró más allá de mi resentimiento y siguió elaborando Su plan para mí.

Satanás intentaba engañarme con pensamientos de rechazo, y las pruebas de mi vida parecían apoyar su teoría. Empecé a pensar que sólo los buenos cristianos eran bendecidos por Dios, y que Él sólo amaba realmente a la "gente guapa". Me sentía como un ciudadano de segunda clase cuando observaba mis circunstancias, sobre todo cuando miraba las vidas de mis amigos.

Muchos de mis amigos de la iglesia tenían unos padres estupendos, y sus padres iban a la iglesia con ellos, pero yo no conocía personalmente esa bendición. Era fácil creer que Dios tenía favoritos, y que por alguna razón yo no merecía lo que tenían mis amigos.

Al considerarme "menos", me hice a la idea de que tenía que esforzarme más por ser un buen cristiano. Empecé a adoptar una mentalidad de superación, tratando de hacer tanto bien que la gente me viera digno de amor, y con la esperanza de que Dios viera la forma de amarme como amaba a los demás.

Suena triste, pero de eso me habían convencido las experiencias de mi vida, y eso es lo que innumerables personas creen hoy sobre Dios. La comparación es una trampa terrible en la que caer. Nada bueno sale de ella. Sólo nos hace sentir mejores o peores que los demás.

Cuando atendía a los niños en la iglesia, me sentía feliz y amado por Dios, pero cuando luchaba contra mi ira y mis resentimientos, me sentía muy poco amado. Pensaba: "Si hago más cosas buenas que malas, quizá eso compre el amor de Dios". Te prometo que esta es la mentalidad de casi TODAS las personas que asisten a la iglesia hoy en día. Incluso la mayoría de los pastores de hoy hablan más de "ser buenos" que de cómo Jesús ya nos ha hecho dignos de amor a Sus ojos.

Hace años que no oigo un "Jesús te ama" en la iglesia. No tenemos ni idea de que Jesús nos ha hecho dignos a los ojos de Dios por Su propia sangre, y no por nuestras buenas obras. Espero que el Espíritu Santo te convenza de lo mucho que Dios te ama mientras lees el resto de mi historia.

Por desgracia, la Iglesia está llena de personas que sólo han probado del Árbol del Conocimiento del Bien y del Mal, y no conocen el sabor del Árbol de la Vida. Nos resulta más fácil creer en la idea de trabajar para obtener recompensas, que comprender el concepto de que Jesús ha borrado nuestros pecados. Este es un gran problema que hace que los cristianos suframos innecesariamente en nuestras vidas. No profundizamos lo suficiente en el estudio de las Escrituras para ver las verdades ocultas que hay en la Biblia. No es un libro de "Qué hacer y qué no hacer", es el Libro de la VIDA".

Hace tiempo les dije a mis hijos que buscaran la verdad de Dios en todas las cosas, incluso en las que oyeran en la iglesia, porque vivimos en la era del engaño, en la que incluso los cristianos transmiten errores y falsas enseñanzas. Averigua por ti mismo lo que la palabra de Dios dice realmente sobre ti; ¡te llevarás una grata sorpresa! Mateo 11:30 dice que Su yugo es fácil y Su carga ligera. Es muy triste que las iglesias rara vez profundicen más allá de "Cómo ser mejor persona".

Así que lo que encontramos en nuestras iglesias y en nuestros corazones es una mentalidad religiosa, en la que nuestra justicia depende de nuestro desempeño, no del sacrificio de Jesús. Nuestras iglesias están llenas de santurrones que se juzgan y comparan constantemente con los demás. Mucha gente se siente rechazada por supuestos cristianos que no conocen la libertad que proviene de conocer al verdadero Jesús.

Esto nos ha pasado a todos, y lamento mucho que probablemente te haya pasado a ti. Piénsalo así. Hay cientos, si no miles, de imitadores de Elvis Presley ahí fuera; algunos buenos, otros malos. Los cristianos son como los imitadores de Jesús; algunos se parecen a Jesús, pero la mayoría no. Sólo hay un Elvis verdadero, y sólo hay un Jesús Verdadero. Debemos mirar a Jesús, no a otros cristianos, como ejemplo.

El Señor exige de nosotros humildad en lugar de nuestro orgullo religioso. Me encanta este pasaje de Miqueas 6:8 que afirma lo que Dios exige de nosotros.

*"Oh hombre, él te ha declarado lo que es bueno, y qué pide Jehová de ti: solamente hacer justicia, y amar misericordia, y humillarte ante tu Dios."*

Nada en ese pasaje dice: "Esfuérzate por impresionarme y quizá te deje entrar en el cielo".

¡NO! Sólo dice que seamos justos con los demás, que amemos el hecho de que, por la misericordia de Dios, nuestros pecados han sido perdonados, y que invitemos humildemente a Jesús a nuestra vida cotidiana. Recuerda que, en el jardín del Edén, Adán caminaba y hablaba con Dios todas las tardes. Dios sólo quiere nuestra presencia, no nuestros sacrificios para impresionarle con nuestros logros. Espero que esto alivie un poco tu sufrimiento innecesario.

Para Acción de Gracias de 1981, mi familia se reunió en casa de mis abuelos. Mi hermana Rhonda y yo fuimos a dar una vuelta en auto por el pequeño pueblo aquella tarde, simplemente recordando nuestras vidas. Mientras conducíamos por las polvorientas carreteras de tierra del pueblo, Rhonda dijo: "Sabes, es difícil creer que puedas ser la número uno cuando siempre te han tratado como...". "¿Como a la número dos?" intervine yo.

Nos echamos a reír con la referencia a la caca, y fue un bienvenido alivio cómico a la conversación sobre "pobres de nosotros". Fue agradable poder hablar con alguien que había tenido las mismas experiencias. Gálatas 6:2 dice,

> ""*Sobrellevad los unos las cargas de los otros, y cumplid así la ley de Cristo.*"

los problemas de nuestra infancia al menos habían introducido el sentido del humor en nuestras vidas.

Tras graduarme en el instituto Coronado en 1981, empecé a asistir a clases en Texas Tech. Aún no me había decidido por una carrera, así que al principio sólo estudié lo básico. Mi madre me pagó el primer semestre, pero yo tuve que pagar el resto. Trabajaba en el RV dealership 32 horas a la semana mientras cursaba los estudios universitarios. Mis momentos de oración se centraban en qué carrera quería el Señor que siguiera, pero al principio no recibía ningún mensaje claro.

Un día, durante el primer semestre, mientras oraba, el Señor me dijo que debía leer Isaías 45. Cuando empecé a leerlo, me di cuenta de que el Señor me estaba guiando. Cuando empecé a leer los primeros versículos, me pareció interesante, pero no entendí bien el mensaje. Años más tarde comprendí que era un mensaje profético del Señor, que me decía lo que estaba a punto de hacer en mi vida.

> "*2Yo iré delante de ti, y enderezaré los lugares torcidos; quebrantaré puertas de bronce, y cerrojos de hierro haré pedazos; 3y te daré los tesoros escondidos, y los secretos muy guardados, para que sepas que yo soy Jehová, el Dios de Israel, que te pongo nombre.*"

Isaías 45:2-3

A lo largo de la década siguiente, el Señor me colocaría en situaciones que me ayudarían a descubrir lo que estaba enterrado en mi subconsciente y me ayudarían a procesar, como adulto, las cosas que había asumido como niño. Me dirigiría palabras de liberación durante los momentos más oscuros de mi vida. Estas palabras serían los tesoros de la oscuridad, las riquezas ocultas de la revelación, que sólo encontraría a través de mis sufrimientos. Dios sabía lo que necesitaba oír, y estaba preparando mi corazón para recibir su verdad.

# Capítulo 7

## La Gran Depresión

En el verano de 1982, mi tiempo de ministerio con los niños estaba en pleno apogeo. Estábamos cargando los autobuses para la mejor semana del año... ¡El campamento de verano! Este año íbamos a las hermosas montañas de Colorado. El paisaje era impresionante y ese año teníamos oradores en el campamento.

Uno de los oradores invitados, Darryl, era muy popular entre los niños, y siempre estaban suplicando su atención. Parecía muy sensible al Espíritu Santo, y a menudo daba palabras proféticas de aliento a los chicos. Un día, durante nuestro tiempo libre, Darryl se quedó un momento a solas conmigo y empezamos a hablar. Me miró con preocupación y me dijo: "Te ha hecho daño tu padre, ¿Verdad?".

Me pillaron por sorpresa sus palabras, preguntándome cómo un completo desconocido podía saber algo tan personal sobre mí. "Sí, señor", fue todo lo que recuerdo haberle respondido. De repente, un grupo de chicos nos encontró e informó de que alguien necesitaba la ayuda de Darryl, así que se fue.

No llegamos a finiquitar nuestra charla, huelga decirlo, por lo que me quedé allí de pie con cara de tonto. La realidad de sus palabras me golpeó con fuerza y volví a recordar mis problemas familiares. Mi semblante cambió, y aquella revelación me sentó como una patada en las tripas, y de repente recordé que tenía el corazón roto en lo más profundo de mi ser.

Darryl nunca volvió a ponerse en contacto conmigo para darme ánimos o consejo, y yo no asimilé bien aquella información. En la hora siguiente, más o menos, muchos de aquellos viejos miedos y sentimientos volvieron a mi mente. El dolor que había quedado enterrado bajo la falsa confianza de hacer buenas obras volvió de visita.

Cuando terminó el campamento y volví a casa, mi madre se dio cuenta enseguida de que algo iba mal. "¿Por qué estás tan triste? ¿Qué ha pasado? "No lo sé", fue todo lo que pude decir. Durante semanas y semanas anduve por ahí como un zombi, aplastado al darme cuenta de que tenía un montón de heridas ocultas. Satanás se divertía atormentándome con pensamientos como...

1. Eres mercancía dañada

2. No mereces el amor de nadie

3. Nunca superarás tu corazón roto

4. Tu futuro será tan malo como tu pasado

5. Y la peor mentira de todas: Dios no te ama de verdad.

Fueron días horribles y vacíos, y me alegro de no recordar mucho de aquellos días ahora. Las cosas en casa tampoco iban bien para mis hermanas. Yo iba a la iglesia, salía con amigos, iba a la escuela y trabajaba. Rara vez estaba en casa, excepto para dormir y comer. Mi padrastro era un tipo extraño, pero nunca soñé que haría lo que les hizo a mis hermanas.

Un día, cuando volvíamos de la iglesia, Rhonda estaba muy enfadada. Nos dijo que esa mañana Don había entrado en su habitación completamente desnudo. Gritó y salió corriendo. Luego mi hermana menor, Kim, confesó haber tenido la misma experiencia antes. ¡Mi madre estaba FURIOSA! Yo me quedé de piedra.

A la semana, Don se fue de casa y se mudó a un apartamento. Cuando se formalizó el divorcio, ¡Quedé destrozado! No sólo acabó con su matrimonio, sino que también destruyó mis sueños de que Don se convirtiera en mi padre cristiano. Todo lo que siempre quise, todo lo que pedí al Señor, era tener un padre que me quisiera como es debido, y esto me destrozó el corazón.

Empezó a apoderarse de mí una profunda depresión y mi corazón empezó a cerrarse a todo el mundo, incluido Dios. Mis hermanas y yo tuvimos la misma educación, pero cada cual afrontó su dolor de una manera diferente. Como yo tenía una personalidad melancólica, me volví callado e introvertido. Me preguntaba si era culpa mía de alguna manera, y me enfadaba mucho con Dios. ¿Por qué Dios no respondía a mis plegarias? La vergüenza me decía que era culpa mía.

Una noche, poco después del divorcio, tuve un sueño terrible. Soñé que estaba luchando con alguien y que una serpiente venenosa me atacaba por detrás, aferrándose a mi espalda justo por debajo del omóplato izquierdo. Cuando me desperté, la espalda me estaba matando en ese mismo punto. Fue un ataque demoníaco, provocado por mi ira contra Dios.

Cuando nos hieren en alguna de nuestras tres partes (cuerpo, alma o espíritu), a menudo afectará a las otras dos partes de nosotros al mismo tiempo. Las lesiones físicas pueden sobrevenirnos como consecuencia de un trauma emocional. Mi dolor espiritual de ira contra Dios se manifestaba en tormento emocional y ahora en dolor físico en la espalda.

En las semanas siguientes, cuando intentaba orar, sólo acababa gritando mi ira contra Dios. Y cuando mis sentimientos de tormento emocional volvían a surgir, ¡Esa mordedura de serpiente volvía a sentirse en mi espalda! En aquel momento no comprendía lo suficiente acerca de la guerra espiritual como para saber que se trataba de un ataque demoníaco. ¡Espeluznante! Fue el peor momento de mi vida, porque había perdido la confianza en Dios. Estaba convencido de que estaba maldito, y el espíritu de la vergüenza me decía que nunca me amarían.

La parte religiosa de mí seguía manteniendo una vida de oración regular, pero ahora mis oraciones carecían de corazón y eran aburridas. Las llamaba oraciones simbólicas porque todas sonaban igual... sin vida y vacías. "Señor, ayúdame a superar este día... bla, bla, bla" era todo lo que podía decir.

Entonces, un día, mientras oraba, le pregunté al Señor si había algo que quisiera decirme. Olvidamos que la oración debe ser una conversación entre Dios y nosotros. De todos modos, el Señor tenía algo que mostrarme aquel día.

Escuchando al Señor con los ojos cerrados, oí el ruido de una cerámica que se rompía, y luego una visión de personas de pie, formando un círculo. Parecía que miraban los trozos rotos con preocupación, diciendo: "Está roto, no se puede arreglar. Lástima". Entonces alguien entró en el círculo, se arrodilló y empezó a tomar los trozos. Entonces, la visión terminó. Abrí los ojos, miré alrededor de la habitación y pensé: "Vaya, qué extraño". Me pregunté qué significaba aquella visión. Aproximadamente un mes después obtuve la respuesta.

Fue en el invierno de 1983. El grupo universitario y los grupos de solteros de la iglesia se dirigían juntos a un retiro de esquí. Habían pasado un par de meses desde el divorcio de mis padres y, de algún modo, me quedé atrapado en el autobús de los solteros. Mientras parábamos para ir al baño, la gente empezó a bajarse del autobús.

Estaba sentado en un asiento de ventanilla cerca de la parte delantera, pensando en el divorcio de mis padres, cuando empecé a llorar. Intenté que nadie me viera, pero el pastor de los solteros se fijó en mí, se sentó a mi lado y me preguntó qué me pasaba. Empecé a llorar más fuerte y más fuerte mientras él empezaba a orar por mí.

Al cabo de un minuto miré por la ventana y vi a varias personas de pie fuera, formando un círculo, que me miraban preguntándose qué me pasaba. Justo entonces el Señor me recordó aquella visión que había tenido y habló a mis pensamientos diciendo: "Coby, puedo sanar tu corazón roto. El hombre que tomó los pedazos rotos fue Jesús, y vamos a recomponerte pieza a pieza". Eso me mostró que Dios me perdonaba por mis palabras de enfado hacia él, y que aún iba a elaborar Su buen plan para mi vida. Fue una señal alentadora para mí.

Quiero interrumpir mi historia un segundo y compartir una cosa que ocurre cuando entregamos nuestro corazón a Jesús. Para nosotros, esa oración de salvación es sólo algo que decimos para convertirnos en cristianos, pero es mucho más vinculante y significativa para el Señor. En ese momento, Él hace un pacto solemne y duradero con nosotros de que NUNCA NOS DEJARÁ y NUNCA NOS ABANDONARÁ, y empieza a poner en práctica Su plan divino para sanarnos y liberarnos. Mientras le reconozcamos en nuestras vidas, Él nunca nos abandonará.

No cambia de opinión cuando nos enfadamos y le acusamos falsamente de hacer el mal. Él ve más allá, porque nuestra ira ya ha sido perdonada en la cruz de Jesús. No tenemos ni idea de lo mucho que Dios se desvive por nosotros a diario, incluso cuando podemos ignorarle durante días enteros. ÉL ES FIEL SIEMPRE, incluso cuando nosotros no lo somos.

En los días siguientes mi corazón empezó a abrirse un poco, aunque seguía enfadado y decepcionado con Dios. Seguía yendo a la universidad y trabajando en un RV dealership. En mi trabajo solía ser el primero en llegar. Abría las puertas y encendía la calefacción de la tienda.

Una mañana vi un hermoso arco iris en el cielo del este, donde había estado lloviendo. Mientras abría las puertas, empecé a ensayar el versículo de la Biblia que dice que el arco iris es la promesa de Dios de no volver a inundar toda la Tierra. En ese mismo momento el Señor habló muy claramente a mi espíritu, diciendo: "Coby, si vuelves a mí con todo tu corazón, te prometo que nunca más tendrás pesares en tu vida".

Las lágrimas empezaron a correr por mi rostro mientras sentía la dulce presencia de Dios caer sobre mí como aquel día del campamento de verano de años atrás. Fue como si Dios bajara de su trono en el cielo, levantara mi rostro con sus manos y hablara directamente a mi corazón.

Es imposible describir la sensación de la presencia de Dios, salvo decir que es amor y paz puros. Lo más parecido a lo que puedo compararlo es al equivalente emocional de una ducha caliente en un frío día de invierno, completamente apacible y tranquilizador. Tómate un momento e imagina a Dios o a Jesús entrando en tu habitación, abrazándote y diciéndote que te quiere, independientemente de cómo te hayan tratado los demás. Es el lugar más seguro y dulce en el que puedes estar... en Su presencia.

Como puedes imaginar, este acontecimiento tuvo un profundo efecto en mí. Aquel día apenas podía concentrarme en el trabajo, pero todo estaba bien. ¡Dios me había visitado aquel día! Las experiencias con Dios cambian nuestras vidas para siempre, y Él estaba llegando a mí de formas milagrosas. Mi corazón se abría cada vez más al Señor gracias a Su bondad hacia mí.

# CAPÍTULO 8

## PALESTINE

En los últimos meses de 1983, Dios empezó a darme más visiones durante mis momentos de oración. Permíteme decir aquí que las visiones no son imágenes espeluznantes y aterradoras, al menos no las visiones del Espíritu Santo. Son muy parecidas a nuestras ensoñaciones, pero sólo que son ensoñaciones del Espíritu de Dios. Es una de las formas en que Dios nos habla.

En su libro La Cuarta Dimensión, el Dr. Paul Youngi Cho dice que los sueños y las visiones son el lenguaje del Espíritu Santo. Como yo he sido más de aprendizaje visual que auditivo, el Señor fue generoso al revelarme cosas específicas por medio de Sus visiones.

Dios me hablaba de principios básicos de la vida a través de la lectura de la Biblia, pero me daba instrucciones especiales a través de esas visiones. Una visión recurrente fue la de un largo viaje por carretera en mi Camaro de 1977. Por aquel entonces me gustaba escuchar el álbum Carrozas de Fuego de Vangelis, y tuve una de esas visiones de viaje en coche mientras escuchaba el Tema de Abraham. Una canción preciosa. No podía imaginarme adónde iba, pero las visiones me intrigaban de todos modos.

Me mantuve activo en la pastoral juvenil de la iglesia, cuando un día surgió una nueva oportunidad. El pastor de la escuela secundaria se trasladaba para ser pastor asociado en una ciudad del este de Texas llamada Palestine. El pastor Bryan y su esposa Kim nos pidieron a mí y a mi amigo Warren que fuéramos a ayudar con el grupo de jóvenes de allí.

Warren aceptó ir inmediatamente; estaba impaciente por salir de Lubbock. Tuve que pensármelo un rato. Tras orar al respecto y preguntar a algunas personas de confianza lo que pensaban, me convencí de que era la voluntad de Dios para mi vida. Pronto me di cuenta de que éste era el viaje que el Señor me había estado mostrando en mis oraciones y sueños.

Durante la mayor parte de mi vida había vivido en la misma ciudad, en el mismo entorno y con las mismas expectativas sobre la vida. El Señor estaba a punto de presentarme una nueva forma de pensar sobre la vida, sobre mí mismo y sobre Él. Warren y yo fuimos en coche a Palestine en el invierno de 1984. Él ya había estado allí y había dejado algunos de sus efectos personales la semana anterior.

Nos mudábamos a una vieja casa victoriana de dos plantas que se había convertido en un cuádruplex. Cuando llegamos, hacía mucho frío y descubrimos que Warren había dejado la bañera llena de agua y se había congelado. ¡Nos reímos mucho! Después de encender la calefacción del apartamento, desempaquetar nuestras cosas y derretir la bañera, dimos una vuelta por la ciudad.

Palestine Texas era un lugar precioso, incluso en invierno. Parecía que había árboles tan altos como el cielo, sobre todo porque veníamos de las tierras llanas del oeste de Texas. Palestine era una pequeña ciudad de unos 12.000 habitantes y, a diferencia de Lubbock, no había una sola carretera que no se torciera, curvara o subiera y bajara. Incluso había una carretera que llamaban "carretera de la montaña rusa". Un día me divertí demasiado en esa carretera y tuve que cambiar el tubo de escape de mi Camaro. ¡Uy! Fue emocionante para nosotros estar en un lugar nuevo, con nuevas aventuras por delante.

Al día siguiente, cuando llegamos a nuestra nueva iglesia, conocimos por primera vez la famosa hospitalidad sureña. Warren y yo fuimos presentados a la congregación de 300 personas como los nuevos asociados del grupo de jóvenes, y a los 5 minutos del servicio ya nos habían invitado a comer a casa de alguien. Una comida casera con gente dulce y cariñosa. ¡Podría acostumbrarme a eso!

En los días siguientes llegamos a conocer a muchas de las personas de la iglesia y a los chicos del grupo de jóvenes. Estábamos encantados de estar allí y ellos estaban encantados de tenernos. A veces, cuando te trasladas a un lugar nuevo donde nadie te conoce, te tratan con más respeto del que crees merecer. Nos trataron como a reyes y todo el mundo quería conocernos.

Hubo unas 3 familias en particular que me acogieron bajo su protección, y no recuerdo un solo domingo por la tarde que no me invitaran a comer con una de ellas. Normalmente era una reunión de al menos 2 o más familias que comían y confraternizaban juntas, y me trataban como de la familia. A los 21 años, el Señor me estaba colocando en un entorno amoroso para mostrarme que la vida puede cambiar a mejor, y yo estaba muy agradecido por la bondad de Dios al tenderme la mano de formas tan maravillosas.

Un domingo en particular, unas veinte personas se reunieron en casa de Dick y Rose; las mujeres preparaban el banquete y los hombres veían a los Dallas Cowboys por televisión. Había llegado a conocer bien a muchas de las personas que estaban allí, muchas de las cuales habían sido una verdadera bendición para mí de alguna manera. Pero, por alguna razón, me sentía solo. Me sentía desconectado de todo el mundo, un sentimiento con el que estaba familiarizado en tiempos pasados.

Algo debió de desencadenar sentimientos de rechazo y la idea de que no pertenecía a aquel lugar. Mientras estaba sentado en silencio, mirando el partido, el Señor habló en voz baja en mis pensamientos.

Me dijo: "Coby, ¿Por qué estás tan decaído? Mira a tu alrededor y muéstrame a una persona que no te haya mostrado amor y aceptación". No pude encontrar a nadie.

Dios tiene su manera de hacer las cosas. No podía nombrar a una sola persona que me hubiera rechazado o que no hubiera sido amable conmigo. Entonces, empecé a darme cuenta de que esas personas no eran la fuente de mi soledad. Entonces, ¿De dónde procedía este sentimiento?

Dios nos ha dado el don de las emociones para ayudarnos a interpretar y disfrutar de la vida. Pero a veces malinterpretamos lo que nuestras emociones intentan decirnos. Las emociones no tienen ningún propósito; sólo revelan si una experiencia es feliz o triste, en términos generales. Nuestra mente puede engañarnos para que creamos una mentira si nuestra respuesta emocional es dolorosa. Si una determinada emoción dolorosa se repite, puede que haya una herida que haya que curar. Mi sentimiento de soledad y rechazo no tenía nada que ver con las personas de aquel hogar, sino que me estaba diciendo que había una herida en mi pasado que necesitaba ser curada.

Una de las razones por las que Dios me envió a esta iglesia fue para que fuera pastoreada por un gran hombre llamado Ron MacIntosh, a quien el Señor utilizó como instrumento en mi crecimiento espiritual. Ron predicaba un mensaje de justicia que yo nunca había oído antes en ninguna iglesia. Predicó sobre nuestro poder, nuestra autoridad como creyentes y nuestra condición de justos a los ojos de Dios a través de Jesús. La primera vez que le oí afirmar que éramos justos a los ojos de Dios me sonó a herejía. Siempre había estado en iglesias que nos decían que todos somos pecadores que necesitamos ser mejores personas.

Nunca había oído hablar de la guerra espiritual ni de que Satanás y sus demonios se dedicaban a destruir a la gente con mentiras y engaños. Sólo había supuesto que el diablo estaba en el infierno torturando a todos los malos. Los sermones del pastor Ron me resultaron poderosos y reveladores, y aprendí mucho a través de sus enseñanzas.

Afirmó muchas veces que los creyentes ya eran justos a los ojos de Dios debido al sacrificio de Jesús en la cruz. Yo pensaba que una persona justa era alguien como Moisés o el apóstol Pablo, pero ahora Ron me decía que "yo" también era justo. Sin duda, era un concepto nuevo. ¿Cómo podía considerarme justo cuando había tantas cosas malas en mí?

La razón por la que no podía comprender el amor de Dios por mí era que ese espacio ya había sido ocupado por la creencia de que yo no era digna de amor. El trato que me daba mi padre había convencido a mi subconsciente de que yo tenía algo que no era digno de ser amado. que había algo no amable en mí. Dios estaba empezando a confrontar esa mentira con Su verdad. En ese momento se me presentó uno de los versículos más poderosos de la Biblia, que me cambió la vida.

*"Derribando argumentos y toda altivez que se levanta contra el conocimiento de Dios, y llevando cautivo todo pensamiento a la obediencia a Cristo, y estando prontos para castigar toda desobediencia, cuando vuestra obediencia sea perfecta" 2 Corintios 10:5-6*

Me resultaba fácil creer las mentiras atrapadas en mi alma debido al cúmulo de pruebas de mis experiencias de vida. Era fácil creer que Dios estaba enfadado conmigo por todos los pecados de mi corazón; la ira, los celos, la amargura y la falta de perdón. Los predicadores me habían dicho durante años que se supone que los cristianos deben amar a todo el mundo, pero yo no siempre amaba, de hecho, ¡Llegaba a odiar a algunas personas!

Satanás me había mentido desde la infancia sobre quién era yo y sobre lo que podía esperar de la vida. Me esforzaba por comprar el amor de Dios haciendo buenas obras para Él, pero los buenos sentimientos duraban poco. Todo el mundo parecía tener más dinero, un coche mejor, un hogar con una buena madre y un buen padre, y simplemente una vida más fácil que la mía. Me sentí excluido y señalado como culpable de mis pecados y de los pecados de los demás.

Saber que mi vida familiar era diferente a la de los demás me hacía sentir inferior, como si Dios se hubiera olvidado de mí, o que simplemente estaba siendo injusto conmigo. La palabra de Dios dice que es pecado comparar tu vida con la de los demás porque sólo conduce a una de dos cosas, o al orgullo o a la envidia. Dios dice que estemos contentos donde estamos y con lo que tenemos, incluso mientras trabajamos para crecer en riqueza y sabiduría. El 10º mandamiento dice que no debemos codiciar lo que tiene nuestro prójimo, ni odiarlo por su éxito. Realmente luché contra los celos hacia los demás y sentí que Dios estaba siendo injusto conmigo.

Durante mi estancia en Palestine empecé a escribir en un diario, como me sugirió el pastor Ron. Nuestra iglesia estaba aprendiendo a tener tiempos de silencio con el Señor, incluyendo escribir nuestras oraciones y cualquier respuesta a la oración que hubiéramos recibido. Así que empecé a escribir mis pensamientos y oraciones, y las cosas que Dios me iba enseñando a lo largo del camino.

Esto me resultó muy útil; me ayudó a organizar mis pensamientos y sentimientos sobre todo, y me mantuvo centrado en lo que el Señor estaba haciendo en mi corazón. Te lo recomiendo totalmente, y también te recomiendo que encuentres a un amigo fuerte y de confianza con quien hablar las cosas.

Había una chica muy dulce en nuestro grupo de jóvenes a la que solía llevar a casa, ya que sus padres no iban a la iglesia con ella. Lexie y yo entablamos una gran amistad, ya que nos sentábamos delante de su casa y hablábamos literalmente durante horas sobre lo que nos preocupaba a cada uno.

Mientras explorábamos los profundos significados de la vida, descubrimos que encontrábamos nuestras propias respuestas con sólo permitirnos hablar de ello. Fue muy terapéutico para las dos, y oro para que tú también encuentres un alma bondadosa que te escuche procesar tus pensamientos y sentimientos. Espero que, a medida que vayas sanando, puedas convertirte en esa persona para tus amigos.

Una de las nuevas enseñanzas que recibimos trataba sobre cómo derribar las fortalezas de Satanás en nuestras vidas. Nos enseñaron a atar a los espíritus de las tinieblas y a soltar al Espíritu Santo de Dios para que nos sane y nos libere de mentiras y engaños. Warren y yo, y a veces otro amigo, veníamos a nuestro apartamento y orábamos. Buscaríamos en nuestros corazones cualquier posible pecado o espíritu maligno que pudiera estar oprimiéndonos.

Era una época agotadora para mí, porque a veces nos quedábamos hasta las 2 de la madrugada orando, y yo tenía que estar en el trabajo a las 6 de la mañana siguiente. Puede que lleváramos las cosas un poco al extremo, pero estábamos aprendiendo. No hay un espíritu maligno detrás de cada desafío al que nos enfrentamos, a veces son sólo nuestros propios pensamientos negativos los que nos atormentan.

Algunas ataduras son espirituales y otras son anímicas. A las espirituales hay que enfrentarse en oración con la autoridad de Jesús. Las del alma, por lo general, pueden resolverse hablando, si nos permitimos expresar nuestros sentimientos. A veces se pueden superar simplemente llorando. Los hombres pueden llorar cuando lo necesitan. No te convertirá en un mariquita, créeme. A mí me hizo exactamente lo contrario.

Hombres, piensen de esta manera. Nos enorgullecemos de no tener miedo a nada, ¿Verdad? Pero la mayoría de los hombres tienen miedo de sus propias emociones, sobre todo de las tristes. Piensa en esas emociones tristes como en un matón. Un hombre de verdad se levanta y se enfrenta a sus matones, ¿Verdad? Entonces es muy de hombre enfrentarse a tus emociones y escuchar lo que te dicen. Si huyes e ignoras a esos matones, te perseguirán y volverán a atormentarte.

Si reprimes o ignoras tus emociones, las que siguen apareciendo en tu alma, en realidad te estás traicionando a ti mismo. Tu alma está intentando que te des cuenta de algo que hay que abordar. Si escuchamos nuestras emociones y descubrimos lo que intentan decirnos, podemos hacer los ajustes necesarios y esas emociones dejarán de molestarnos. Si ignoramos lo que nos dicen, seguirán molestándonos.

Así que sé valiente; escucha a tu corazón y encontrarás la forma de resolver el problema. Permítete sentir la decepción, la vergüenza o lo que sea. Si te enfrentas a esas emociones y te permites sentirlas, quedarán satisfechas y normalmente desaparecerán. Dios nos dio sentimientos por una razón. Empieza a escuchar tus sentimientos y a dejar que pasen a través de ti, ¡Entonces te convertirás realmente en un tipo duro capaz de enfrentarse a cualquier cosa! Con cada miedo al que nos enfrentamos, nos volvemos más concientes y sanos.

He aquí un ejemplo. Supongamos que tu mujer se queja de que juegas demasiado al golf y no la ayudas lo suficiente en casa. ¿Discutes con ella o reflexionas sinceramente? Si te limitas a intentar que se calle, sin determinar si tiene un argumento válido, te invadirán sentimientos de culpa cada vez que vayas a jugar al golf.

Si te detienes y juzgas por ti mismo, incluso si pides consejo a un amigo de confianza, entonces podrás afrontar el problema. Una vez que averigües si realmente estás siendo egoísta o no, puedes cambiar y encontrar un equilibrio, o decirle tranquilamente a tu mujer que necesitas algo de tiempo para ti. Recuerdo una época en la que trabajaba tanto que el Señor me llamó la atención y me dijo: "¿Por qué trabajas tanto? ¿Por qué no te tomas un tiempo y te vas a jugar al golf?". Trabajaba 6-7 días a la semana y hacía meses que no jugaba al golf. Muchos hombres creen que tienen que trabajar muy duro todo el tiempo. El equilibrio es mucho más sano.

# CAPÍTULO 9

## LA RAÍZ DEL RECHAZO

La batalla por mi alma había comenzado y estaba en pleno apogeo. Se derramaron muchas lágrimas y se rompieron algunas fortalezas, empezando por la fortaleza del orgullo. Lo primero que el Señor me hizo abordar fue el espíritu de orgullo que mantenía un sutil pero fuerte control sobre mi corazón. ¿Recuerdas que en el capítulo 3 hablamos de la base de la vergüenza que todos sufrimos? Pues bien, el mecanismo de afrontamiento preferido parece ser ponernos un escudo de orgullo, con la esperanza de proteger nuestro corazón para que no nos vuelvan a herir.

El único problema de escudarse en el orgullo es que cierra nuestro corazón; nada entra y nada sale. El Espíritu de Dios no puede obrar en nuestro corazón cuando lo cubrimos con la venda del orgullo. Este tipo de orgullo se manifiesta como actitud defensiva. Cuando intentamos enfrentarnos a alguien por algo, y se pone a la defensiva... es su orgullo el que habla. La Biblia dice que Dios resiste a los soberbios, pero da gracia a los humildes.

Cuando un perro resulta herido, se retira a un lugar seguro para lamerse las heridas y calmarse. Si alguien se le acerca en este estado, ladrará fieramente para ahuyentar al intruso. Los humanos no podemos escondernos. Tenemos que seguir viviendo e interactuando con el mundo, así que fingimos que no nos han herido, o actuamos como si no nos hubiera molestado. Tapamos la herida con un falso orgullo.

Todos hemos hecho esto hasta cierto punto, pero al final tenemos que asumir nuestro dolor y procesarlo de algún modo, o seguirá molestándonos. Si no nos permitimos procesar las emociones que sentimos, permanecerán en nuestra mente, en nuestras emociones e incluso en nuestro cuerpo, como la sensación de mi mordedura de serpiente.

Por desgracia, no tenía ni idea de cómo procesar mis emociones y "depositar mis preocupaciones en el Señor" como sugiere la Palabra. Pero, como dije en el primer capítulo, Dios nos creó con la habilidad de crecer, aprender, buscar sabiduría y resolver problemas. Pero antes de sentirnos lo bastante seguros para pedir ayuda, tenemos que desprendernos de la falsa seguridad del orgullo. El orgullo precede a la caída, pero la humildad precede al honor.

El Señor me ayudó a tomar autoridad sobre la fortaleza del orgullo y a decirle que me dejara en el nombre de Jesús, ¡Y lo hizo! Jesús nos da poder sobre el enemigo cuando nos dirigimos a él en el nombre y la autoridad de Jesús. ¡Impresionante! El diablo no tiene poder ni derecho sobre un creyente, a menos que se lo permitamos. Todo lo que tenemos que hacer es resistirnos a él, y él tendrá que dejarnos.

*"Someteos, pues, a Dios; resistid al diablo, y huirá de vosotros. Acercaos a Dios, y él se acercará a vosotros. Pecadores, limpiad las manos; y vosotros los de doble ánimo, purificad vuestros corazones."*

Santiago 4:7-8

Como oraba y reflexionaba tanto sobre mí mismo, el Señor me habló a menudo en aquella época. Una noche estaba expresando al

Señor cierta frustración por lo que parecía una montaña de problemas que estaba descubriendo. Recuerda que muchos de estos problemas estaban enterrados en mi subconsciente desde la infancia, así que fue un poco abrumador darme cuenta de la basura que resurgía.

Nuestros problemas son abrumadores si pensamos que es tarea nuestra arreglarnos a nosotros mismos, pero en realidad es tarea de Dios cambiarnos. Nuestro trabajo es pedir ayuda, pero en realidad es Dios quien nos cambia. Sólo tenemos que estar tranquilos, escuchar y permitir que Él nos diga la verdad y la vida. Como cristianos, nuestros pecados nos han sido perdonados por el sacrificio de Jesús en la cruz, así que ahora Él sólo quiere exponer y corregir los pensamientos y creencias que nos impiden creer que nos ama. Me dijo: "Coby, tus problemas no me preocupan en absoluto. Sé lo que estoy haciendo en tu vida, y estamos progresando. No te rindas y no tengas miedo". Fue muy amable al revelarse a mí.

La vida cristiana es muy diferente de los caminos del mundo. La sabiduría del mundo dice que te abras camino hasta conseguir lo que quieres, sin importar a quién tengas que herir en el proceso. Dios nos llama Sus ovejas, y prácticamente todo lo que hacen las ovejas es escuchar la voz del pastor, ir adonde les indica su cayado y ¡COMER!

No tenemos que agonizar por nada porque Él cuida de nosotros. Lo único que tenemos que hacer es escuchar, obedecer y disfrutar de Su presencia. No dejes que los predicadores te digan que Dios necesita tu ayuda para salvar al mundo. Ésa es una carga innecesaria que nos imponen los religiosos. Sí, Dios nos utilizará, pero Él ya ha preparado esas buenas obras de antemano. Sólo tenemos que permanecer cerca del Señor y estar preparados cuando surjan esas oportunidades.

En los días siguientes, Dios me mostró algo importante sobre mi situación. Me mostró que todos mis problemas en las relaciones estaban causados en realidad por una sola raíz... una raíz de rechazo.

Me dio una imagen con palabras sobre ello para ayudarme a entenderlo. Me mostró una imagen de mis relaciones significativas del pasado como ramas de árbol, brotando de una gran raíz subterránea. Me estaba mostrando que en realidad sólo teníamos que centrarnos en la raíz del problema, no en todas las ramas. ¡Qué alivio!

Una reflexión: Nosotros, como cristianos, tendemos a complicar tanto nuestro camino de fe, pero el Señor es muy sencillo en su forma de interactuar con nosotros. En realidad, Él quiere simplificar nuestras vidas, no complicarlas. La mayoría de los psicólogos tienden a ocuparse del comportamiento de los pacientes, pero el Señor habla de los asuntos del corazón, de las cuestiones de fondo que afectan a nuestro comportamiento.

Nuestros comportamientos no aparecen simplemente como instintos animales. Hay un patrón o ciclo de comportamiento que me han enseñado que lo explica. Primero nos exponemos a un estímulo, una experiencia de palabras o acciones, que provoca un sentimiento o una emoción. Si sentimos esa emoción específica repetidamente, provocamos un pensamiento. Ensayar ese pensamiento conduce entonces al desarrollo de una creencia sobre la vida. Son nuestras creencias sobre determinadas experiencias de la vida las que luego impulsan nuestro comportamiento.

Centrarse sólo en el comportamiento es saltarse algunos pasos importantes. Iré más lejos y diré que no podemos limitarnos a orar para que desaparezcan nuestras inseguridades, como si sólo se tratara de un demonio. Tenemos que examinar los sentimientos, los pensamientos y las falsas creencias para que el dolor nos abandone. Expulsar a un demonio servirá para corregir una fortaleza espiritual, pero también debemos abordar las heridas del alma.

La mayoría de los cristianos prefieren orar para que desaparezca el dolor antes que enfrentarse a los problemas y resolverlos con la verdad. Dios nos dará muchas oportunidades de enfrentarnos a nuestros miedos, y podemos orar temporalmente para que desaparezca el miedo, pero al final tendremos que abordar la herida oculta para que se resuelva el dolor. Éste es el lugar en el que Jesús se hace real para nosotros. Cuando entablamos una conversación con Jesús sobre nuestros sentimientos, Él nos revela los recuerdos, las mentiras y luego la verdad, para que podamos sustituir la falsa creencia por la verdad.

Por eso la Escritura nos dice que llevemos todo pensamiento cautivo, y lo comparemos con lo que Dios dice de nosotros como hijos Suyos. También quiero añadir aquí que no todos los pensamientos que entran en tu mente proceden de ti. El Espíritu Santo te habla a través de tus pensamientos, tú tienes tus propios pensamientos y los espíritus malignos también pueden entrometerse en tus pensamientos.

Dios nos da el poder, el derecho y el deber de filtrar todos los pensamientos que nos vienen a la cabeza. La única manera de saber qué pensamientos son verdaderos y cuáles son mentira es estudiar la Palabra de Dios. No des por sentada la palabra de nadie, aunque sea una figura de autoridad. Te advierto que la sabiduría del mundo se basa en cómo manipular a los demás, pero la sabiduría de Dios se basa en el amor.

Ni siquiera creas todo lo que hay en este libro si no estás de acuerdo conmigo. Ciertamente no soy un experto en nada de esto. ¡VE A LA PALABRA DE DIOS para conocer la verdad! Averigua por ti mismo lo que Dios piensa y dice sobre ti. La mayoría de los cristianos sólo conocen a Dios por lo que oyen decir a un pastor, y no todos los pastores comprenden bien la naturaleza bondadosa y generosa de Dios. La Iglesia no es más que una introducción a Dios; hay más Tesoros enterrados en la Biblia esperando a ser encontrado de lo que puedas imaginar. Escucha este pasaje de la Escritura...

*"La ley de Jehová es perfecta, que convierte el alma; **El testimonio de Jehová es fiel, que hace sabio al sencillo.***

*Los mandamientos de Jehová son rectos, que alegran el corazón; **El precepto de Jehová es puro, que alumbra los ojos.***

*El temor de Jehová es limpio, que permanece para siempre; **Los juicios de Jehová son verdad, todos justos.***

*Deseables son más que el oro, y más que mucho oro afinado; **Y dulces más que miel, y que la que destila del panal.***

*Tu siervo es además amonestado con ellos; **En guardarlos hay grande galardón"*** Salmo 19:7-11

La Palabra de Dios también ha sido descrita como agua que limpia el alma y sacia nuestra sed. El Señor me había revelado que tenía una raíz de rechazo en el corazón desde la infancia, y era una raíz grande, gorda y profunda. He arrancado un millón de malas hierbas a lo largo de mi vida, y algunas eran tan grandes que tuve que regar el suelo a su alrededor antes de poder arrancarlas.

El Señor estaba regando el suelo alrededor de mi raíz de rechazo revelándome su palabra, enseñándome la autoridad que tenía en Jesús y poniéndome en un lugar seguro con personas que se preocupaban por mí. Palestine era un lugar seguro para ablandar los lugares duros de mi corazón y estoy muy agradecido de que Él me enviara allí.

# CAPÍTULO 10

## ROMPIENDO LAS CADENAS

Así que allí estaba yo: en una nueva ciudad, con nuevos amigos, nuevas oportunidades y nuevas experiencias. Aunque pasé muchos momentos maravillosos y emocionantes en Palestine, también hubo otros muy solitarios. En otoño de 1984, tuvimos una tormenta que duró ¡Dos semanas enteras! Debía de ser la temporada de huracanes. Como era de Lubbock, no estaba acostumbrado a tanta lluvia. Pensaba que no acabaría nunca.

Mi compañero de piso había vuelto a Lubbock de visita durante la segunda semana de la tormenta. Así que no sólo estaba solo, sino que ni siquiera podía trabajar en mi empleo de la construcción porque había mucho barro. Me encontraba aburrido, solo, sin dinero y era un blanco fácil para la depresión. Satanás sabía que ésta era su oportunidad para llegar a mí.

Charles Stanley fue como un padre espiritual para mí, aunque nunca le conocí. Tenía un consejo habitual, nos advertía de que nunca tuviéramos demasiada hambre, estuviéramos demasiado enfadados, solos o cansados, porque si lo hacíamos, estaríamos expuestos a la tentación. En aquel momento me sentía muy solo y frustrado, y Satanás intensificó el tormento. Aprovechó la oportunidad para decirme que nunca iba a superar mis problemas, así que más valía que dejara de intentarlo.

Recuerdo que el miércoles de esa segunda semana me tumbé en el suelo, orando para que Dios hiciera que Satanás se fuera y dejara de molestarme. Me sentía como un niño pequeño y actuaba como tal. ¿Dónde estaba Dios ahora y por qué dejaba que Satanás me atacara?

El Señor habló misericordiosamente a mi espíritu: "Coby, vas a tener que aprender a luchar... o morirás". Eso fue todo lo que me dijo. Me lo dijo de forma cariñosa, pero esto era un poco más propio de un entrenador. El Señor no me avergonzaba con su tono, pero me estaba dando una severa advertencia. Afortunadamente, Dios nos convence sin avergonzarnos ni condenarnos.

El Señor llevaba meses entrenándome y enseñándome a luchar contra el enemigo, pero en ese momento había bajado la guardia y había dejado que mis emociones volvieran a dominar mis pensamientos. Dios me estaba diciendo: "Mira, te he dado las armas para luchar contra Satanás, te he alimentado con la verdad de que te amo de innumerables maneras; ahora es el momento de que te defiendas y luches contra las mentiras. ¿Con quién vas a estar de acuerdo, con Satanás o conmigo?".

Pues bien, para mí era el momento de hacer de tripas corazón. ¿Iba a seguir con mi entrenamiento o iba a rendirme y morir? De algún modo conseguí decir una tímida oración de resistencia contra Satanás, que no tuvo ningún poder hasta que dije: "En el nombre de Jesús". ¡Funcionó!

A veces lo único que podemos decir en nuestra defensa es el nombre de Jesús, y probablemente sea lo más importante que podamos orar. Satanás tuvo que abandonar mi presencia porque utilicé la autoridad del nombre de Jesús. Piensa en esto un momento. Yo era muy débil, pero sólo el nombre de Jesús me rescató. "En Él todas las cosas se mantienen unidas".

Cuando te encuentres debilitado y sientas el ataque de Satanás, LLAMA a Jesús y/o a un amigo de confianza. No dejes que el enemigo te te domine. Nos necesitamos unos a otros, pero si no hay nadie disponible, clama a Jesús. Él te oirá y vendrá a ti.

*"Porque los ojos de Jehová contemplan toda la tierra, para mostrar su poder a favor de los que tienen corazón perfecto para con él. Locamente has hecho en esto; porque de aquí en adelante habrá más guerra contra ti."* 2 Crónicas 16:9.

¡Me encanta ese versículo! Pero no dejes que te asuste la parte de tener un corazón perfecto. Un corazón perfecto en la mente de Dios es el corazón de un niño, que lleva todos sus juguetes rotos a su padre para que los arregle. A medida que nos hacemos mayores, olvidamos la inocencia infantil de confiar en alguien mayor y más sabio que nosotros. No importa lo mayores que seamos, se nos anima a acudir a Dios con fe infantil.

Al cabo de dos semanas dejó de llover, pero seguía estando demasiado húmedo para trabajar. Uno de los hombres de la iglesia sabía que estaba en casa solo y aburrido, así que me invitó a ir con él a ver un coto de caza de ciervos.

Cuando llegamos, mi amigo Phil abrió la guantera y sacó una pequeña pistola. No podía imaginarme para qué necesitaba un arma en ese momento, sólo estábamos buscando huellas. Encontramos varias huellas de ciervo y decidimos que era un buen lugar para cazar cuando se secara un poco.

Pasó otra solitaria y lúgubre semana y el viernes mis fuerzas habían decaído de nuevo. Parecía que toda la bondad, los milagros y las visiones de Dios no podían ahuyentar mis profundos sentimientos de soledad. Me estaba hundiendo en una profunda depresión, como las que había conocido durante el último año.

Justo antes del mediodía de aquel viernes, me sentí abrumado por mi incapacidad para manejar la soledad de mi corazón. En ese momento decidí que había terminado. Me había cansado de intentar luchar contra el monstruo que llevaba dentro. Mi corazón estaba a punto de estallar dentro de mi pecho por la presión, y sólo quería que la lucha terminara. Varias veces en mi vida he experimentado una gran oscuridad justo antes de un avance significativo. Éste fue un día muy oscuro para mí.

En ese instante, recordé la pistola de Phil en la guantera de su camioneta. En ese momento me invadió una paz inquietante... me reconfortó saber que tenía una forma de poner fin a este sufrimiento y tormento que había padecido durante 21 años. ¡Por fin iba a liberarme del dolor! Sabía que mi corazón no podría soportar ni un día más el infierno en que se había convertido mi vida.

Con calma, empecé a caminar hacia la puerta de mi apartamento para marcharme. Cuando mi mano tocó el pomo de la puerta, sonó el teléfono. El timbre del teléfono me enfureció, porque me sacó bruscamente del trance en que me encontraba. Después de 3 ó 4 timbres decidí contestar.

Era mi amigo Dick House, que me invitaba a ir al lago con él y su hijo Ricky. Siendo la persona complaciente que siempre había sido, dije: "Claro, nos vemos allí dentro de un rato". Pero no sabía si llegaría a aparecer...

Subí a mi coche y me dirigí a casa de Phil y Patsy para conseguir el arma. Al llegar, ni Phil ni su camioneta estaban allí, pero llamé al timbre de todos modos. Patsy abrió la puerta y me invitó a entrar, y en 15 segundos estaba derramando lágrimas de cocodrilo por todo su hermoso piso de madera.

A Patsy le pilló desprevenida, pero su sola presencia bastó para calmarme lo suficiente como para hablar. No recuerdo lo que le dije, pero al final le dije: "No pasa nada. No me pasará nada. Gracias". Acabé en el lago con Dick y Ricky, ¡Pero yo era un zombi! Menos mal que Dick no era muy hablador, porque yo era incapaz de mantener una conversación. Me sentía muerto por dentro.

Aquella tarde era nuestra hora habitual para reunirnos en la confraternidad de solteros, y me alegré de tener un lugar adonde ir. Nuestro líder de solteros, Gary, era un hombre piadoso con el que había hablado muchas veces de mi vida. Después de que Gary diera un breve mensaje, abrió el atril para peticiones de oración, y yo fui el primero en levantar la mano.

Empecé a hablar, pero acabé sollozando: "Necesito ayuda". Gary me llamó al centro de la sala; todos me impusieron las manos y empezaron a orar. Gary tenía una idea de lo que me preocupaba y, como yo no podía comunicarme a través de las lágrimas, empezó a orar en voz alta.

En un momento dado, Gary dijo: "Coby, quiero que repitas después de mí". Empezó a orar una oración de perdón para mis 3 padres, que yo pude seguir, hasta que dijo: "...y yo perdono a mis padres por lo que me hicieron...". Gary esperó a que repitiera las palabras, pero yo no podía decirlas, lo único que podía hacer era llorar aún más fuerte. Mi corazón estallaba por el peso de años de decepción y dolor.

Era una oración que no quería repetir. No tenía ningún deseo de perdonar a aquellos imbéciles, pero al mismo tiempo sabía que tenía que hacerlo, o mi corazón seguiría soportando el dolor. Gary volvió a repetir las frases y dijo: "Coby, sé que puedes hacerlo; sólo tienes que repetir las palabras". Tras unos segundos de silencio, "Y perdono a mis padres por lo que me hicieron pasar..." salió de mis labios temblorosos.

De repente, entre lágrimas y sollozos, sentí que ocurría algo increíble, física, emocional y espiritualmente. La sensación física de que se me caían las cadenas de la espalda iba acompañada de una sensación de libertad en mi espíritu. Algo muy profundo estaba ocurriendo en lo más profundo de mi ser.

Al igual que en mi experiencia con el arco iris, sentí que la presencia de Dios se derramaba sobre mí como otra cálida ducha. Dios me habló muy claramente en aquel momento: "Coby, deja marchar a esos hombres. Yo seré tu padre a partir de ahora". No sé cuánto tiempo oramos todos, pero yo no quería que acabara aquel momento. ¿El Señor de toda la creación, el creador del cielo y de la tierra, quería ser MI Padre? Nunca había pensado en ello, ¡Ni soñado que fuera posible!

No comprendía del todo lo que había ocurrido, pero sabía que algo era diferente en mi interior. Sentí que me desprendía de un peso tremendo. Dios, a través de Gary, me ayudó a orar la oración más difícil de mi vida. La oración que tenía que orar en voz alta para poder empezar a sanar de las heridas del pasado.

Años más tarde, puedo decir sinceramente que uno de los cambios que se produjeron fue... ¡Que nunca he vuelto a estar encadenado por las cadenas de la depresión! Oh, he tenido reveses temporales de depresión como todos tenemos de vez en cuando, pero nada que durara más de un día o dos. ¡Y nunca más volví a sentir esa mordedura de serpiente en la espalda hasta el día de hoy! ¡Gracias, Jesús! Gracias Señor, por utilizar a Gary para ayudarme en esta época oscura de mi vida.

# CAPÍTULO 11

## COMENZANDO A SANAR

Más tarde esa noche, y durante los días siguientes, Dios me habló a menudo. Repasando mi día a día, veo que el 18 de diciembre de 1984 Dios me habló con firmeza sobre el miedo. Me dijo: "Nunca tengas miedo de que te abandone, de que deje de amarte o de que deje de cuidarte". Me dijo que si alguna vez tenía más miedos como ése, simplemente dejara que me motivara a pasar tiempo con Él en oración, para poder empezar a confiar en Él.

Dijo que me llevaría tiempo desarrollar la confianza en Él, pero que si entraba el miedo, debía reprenderlo y echarlo fuera en el nombre de Jesús. Dijo: "No retrocedas ante el miedo, sino enfréntate a él en el nombre de Jesús y no te rindas hasta que se vaya". Esta palabra es para todos los creyentes, no sólo para mí. ¡Tenemos autoridad para decirle al miedo que nos abandone! ¡Impresionante!

Muchos de mis momentos de oración en aquellos días los pasé escuchando a Dios, y lo que me decía continuamente era: "No tengas miedo. Te amo. Estoy aquí para ti". He oído decir a alguien que hay exactamente 365 veces en la Biblia en las que Dios dijo: "No temas". Eso no me sorprendería, porque parecía que eso era lo que Él me decía a diario.

Cuando oré aquella oración de perdón, eso me liberó en mi espíritu y en mi cuerpo, pero tendría que recorrer el camino de la restauración de mis heridas del alma. Recuerda que no quería decir esa oración. No SIENTÍA el perdón de mis padres, pero el acto obediente de decir el perdón en voz alta rompió la fortaleza espiritual.

*"El ánimo del hombre soportará su enfermedad; Mas ¿quién sorportará al ánimo angustiado?"* Proverbios 18:14

El Señor tuvo la bondad de eliminar también las manifestaciones físicas de mi amargura en aquel momento. Mi oración de perdón arregló las cosas en mi relación con Dios, de modo que ahora Él tenía permitido, a través del Espíritu, comenzar la sanación de mi mente y mis emociones. Hay leyes espirituales que afectan sin duda a nuestro mundo físico. También vemos aquí que no hace falta SENTIR el perdón para comprometerse con el perdón en el reino del Espíritu. Sólo tenemos que estar dispuestos a obedecer, y entonces Él nos proporcionará el poder para cambiar.

¡Ésas son realmente buenas noticias para los cristianos! Así es como Dios puede perdonar NUESTROS pecados mientras seguimos luchando con el pecado. Somos perdonados de nuestros pecados mediante la fe en Jesús, mientras seguimos pecando en nuestro cuerpo y alma. Mientras llevemos estos trajes corporales humanos, vamos a pecar, pero a través de Jesús, Dios nos ha quitado la pena del pecado y el poder del pecado. Nuestro espíritu, que es la parte eterna de nosotros, vivirá ahora para siempre, mientras que el cuerpo acabará envejeciendo con el tiempo y morirá.

Gracias a Dios, ¡El reino del Espíritu gobierna sobre el reino natural! Podemos confiar en el amor de Dios y en que nos acepta incluso cuando sabemos que seguimos pecando. Dios ya no ve nuestro pecado, en su lugar ve la sangre de Jesús que ahora cubre nuestros pecados. Hemos sido redimidos y hemos recuperado la relación con Dios que Adán y Eva tenían antes de pecar. Ahora podemos hablar con Dios libremente a cualquier hora del día o de la noche.

Cuando pedimos a Jesús que perdone nuestros pecados y entre en nuestros corazones... ¡Lo hace! Viene a establecerse en nuestro interior. Nos convertimos en un templo del Espíritu Santo. Antes de morir, Jesús dijo a sus discípulos que les enviaría al Espíritu Santo para que estuviera con ellos para siempre, para consolarles y recordarles todo lo que Él les había dicho. El Padre, el Hijo y el Espíritu Santo son aspectos de Dios que tienen funciones específicas, pero todos trabajan en conjunto para cumplir el gran plan de Dios.

Hay un versículo del Nuevo Testamento que dice que sufrimos tormento cuando no perdonamos a otro. A mí me atormentaba la falta de perdón hacia mi padre, hasta el punto de querer suicidarme. Dejando mi orgullo y perdonando a mis padres comencé el proceso de sanación.

Por aquel entonces, una buena amiga me dio un libro titulado Pies de ciervas en los lugares altos (de Hannah Hurnard), que me enseñó algunas perspectivas importantes sobre el sufrimiento. El libro es una alegoría sobre una familia de ciervas (ciervos) que vivían en un valle junto a unas altas montañas. El personaje principal se llamaba Mucho Miedo, era el miembro más pequeño de su familia, la familia de los Temerosos, y estaba algo cojo.

Empecé a identificarme con este personaje inmediatamente, y me enganché a la lectura del libro. Este libro fue un regalo de Dios, porque me ayudó a explicar lo que Dios estaba haciendo en mi corazón en este momento de mi vida. Gracias, Vanessa, por escuchar al Señor y estar dispuesta a darme ese libro. Me encanta cómo Dios utiliza a otras personas para ayudarnos en nuestro camino.

La cierva tullida Mucho Miedo estaba atascada en los lugares bajos del valle, donde los depredadores podían atacar fácilmente y comerse a los animales más débiles. El Buen Pastor la desafió a subir a los lugares altos donde Él vivía, donde estaba a salvo de los coyotes y otros depredadores. Sus propios miedos y la negatividad de su familia la convencieron de que nunca podría hacer el viaje.

La parte de la historia que me intrigó fueron los compañeros que el Buen Pastor prometió dar a Mucho Miedo para ayudarla a hacer el viaje. Mucho Miedo estaba entusiasmada porque tendría dos compañeras que la ayudarían a hacer el viaje, y yo también estaba muy interesado en saber quiénes eran. Sabía que sus compañeras también serían mis compañeras a partir de ese momento en mi propio viaje a los Altos Lugares del Señor.

Al pasar la página, empecé a leer sobre dos grandes figuras ominosas vestidas con túnicas del holocausto. No era eso lo que esperaba leer, pero seguí leyendo. Los compañeros enviados por el Buen Pastor para ayudarla (y ayudarme) no eran otros que el Dolor y el Sufrimiento. ¡Mis lágrimas calientes empezaron a caer sobre las páginas de este espantoso libro!

"¡¡¡NO!!! ¿Por qué tenían que ser ESOS TIPOS?" pregunté a Dios. ¿No he tenido ya suficiente pena y sufrimiento en mi vida? ¿Ahora esos tipos han sido designados por Dios para perseguirme de nuevo? No estaba seguro de querer seguir leyendo aquel terrible libro. En aquel momento no podía imaginar qué podrían hacer aquellos dos tipos para ayudarla en su viaje o en el mío.

Hannah Hurnard entra en gran detalle explicando la forma en que crecemos y aprendemos mejor de los momentos más oscuros y de los mayores retos de nuestras vidas. Continué leyendo el libro entero y fue una maravilla. Lo recomiendo encarecidamente.

Sin duda hablaré más de los beneficios de afrontar las penas y los sufrimientos de nuestra vida, en lugar de huir de ellos. En esta vida no podemos escapar de las penas y las decepciones, así que es mejor que aprendamos a beneficiarnos de ellas. Describiré brevemente cómo afronté yo los míos.

La mayoría de nosotros queremos evitar el dolor en la medida de lo posible, pero al igual que nos ocupamos de un corte en el brazo, también debemos ocuparnos de las heridas emocionales que sufrimos. En realidad, me anima que cada vez estemos más dispuestos a hablar de problemas emocionales y mentales como el trauma y el TEPT. Por fin estamos saliendo de esa vergonzosa práctica de decir a la gente: "¡Sólo supéralo!".

Cuando me enfrenté a los muchos problemas de mi infancia, a veces los pastores me avergonzaban por decir a la gente que lo estaba pasando mal. La mayoría de las personas que sufrieron lo que yo viví de niño ni siquiera lo consiguen. Acaban siendo alcohólicos o drogadictos, y mueren sin el Señor.

Me hizo falta mucho valor para enfrentarme a mis miedos y pedir ayuda. Me alegro de que Dios me enviara a las personas adecuadas en el momento oportuno para ayudarme a superar mi quebrantamiento. Por desgracia, existe la idea errónea de que, si un cristiano sufre, es porque carece de fe o está atrapado en un pecado. Dios utiliza los momentos de sufrimiento para hacernos conscientes de algún problema que Él quiere sanar. Cuanto más huyamos de él, más tiempo sufriremos.

Éste es un gran problema para los que van a la iglesia en busca de ayuda real para problemas reales. A Dios no sólo no le molestan nuestros defectos, sino que ésa es la vía que utiliza para enseñar, sanar y hacer crecer nuestra comprensión de Él. Él se hace real para nosotros a través de nuestros sufrimientos humanos. Nuestros sufrimientos sólo están destinados a durar hasta que aprendamos qué mentira estamos creyendo que nos hace sufrir. Nuestro dolor está destinado a llevarnos al Padre para encontrar ayuda y la verdad que corrija nuestras creencias.

Éste es un buen momento para aclarar algo. Preguntamos: «Si mis pecados están perdonados, ¿Por qué parece que Dios me castiga?». Nuestros pecados ESTÁN perdonados cuando entregamos nuestro corazón al Señor, pero seguimos teniendo falsas creencias que impiden que nuestras almas conozcan la verdad del amor de Dios.

Él permite que seamos provocados en nuestras falsas creencias lo suficiente para ayudarnos a abordar la cuestión que yace enterrada en nuestro corazón. Si la verdad nos hace libres, creer mentiras nos mantiene en la esclavitud. Nuestros espíritus han sido consagrados para la salvación, pero nuestros pensamientos, emociones y creencias necesitan ser corregidos para nuestro propio beneficio. Él nos ama lo suficiente como para corregir nuestras creencias dañinas. No nos está castigando, aunque pueda parecerlo.

Algunas iglesias ofrecen ahora a la comunidad un ministerio de duelo, clases de AA, clases de NA y atención al divorcio, pero puede ser difícil encontrar compasión en cristianos que no han pasado por nuestro dolor particular. Recuerda que la iglesia es un lugar para gente rota que busca sus propias respuestas, así que no podemos esperar perfección de la gente, sólo de Jesús.

La semana pasada estuve hablando con un hombre que me dijo que a su familia le pidieron que abandonara la iglesia porque su madre y su padre se divorciaron. ¿Para qué está aquí la iglesia, sino para ayudar a la gente a sanar? Definitivamente no para rechazarles en su momento de necesidad. Esto tiene que acabar. Aflige al mismo corazón de Dios.

Es hora de decir la verdad sobre por qué Dios permite que los cristianos sufran. En primer lugar, los cristianos son iguales que los no creyentes en el hecho de que nosotros también tomamos decisiones poco saludables e imprudentes en nuestro estilo de vida. Lo que comemos y bebemos es una fuente inmediata de sufrimiento. ¡¡¡Hay tanto azúcar en nuestra dieta que es increíble!!!

Nuestra comida contiene compuestos químicos que destruyen nuestro organismo a gran velocidad. Muchas personas suelen estar irritables simplemente por las enormes cantidades de azúcar que consumen. Esta es una de las principales causas de los cánceres que atacan nuestro cuerpo, y tendemos a preguntar a Dios por qué ha permitido que padezcamos cáncer. No es culpa Suya, pero a Él le encanta sanar a la gente del cáncer.

También sufrimos porque perseguimos planes para "hacernos ricos rápidamente", hacemos inversiones imprudentes, no diezmamos (lo sé, es un tema delicado) y compramos cosas lujosas a crédito. No ejercemos la paciencia ni la sabiduría en nuestros asuntos financieros porque queremos estar a la altura de nuestros vecinos.

Recuerda que el 10º mandamiento establece que no debes codiciar lo que tiene tu prójimo. Trabaja duro, ahorra dinero y paga al contado todo lo que puedas en vehículos, muebles, etc. Las casas son una mejor inversión crediticia porque al menos ganan valor con los años.

También sufrimos junto con otros humanos por razones políticas, normas y reglamentos y nuestra susceptibilidad a la cantidad cada vez mayor de estafas. Si volvemos a nuestros armarios de oración y reconocemos a Dios en cada asunto, podremos evitar tomar decisiones imprudentes que causen nuestro propio sufrimiento. Éste es uno de los pasajes más prácticos y poderosos de la Biblia.

*"Fíate de Jehová de todo tu corazón, Y no te apoyes en tu propia prudencia. Reconócelo en todos tus caminos, Y él enderezará tus veredas."* Proverbios 3:5-6

Esto es muy sencillo en teoría, pero puede ser difícil de poner en práctica, porque creemos saber qué es lo mejor para nosotros. De nuevo, nuestra naturaleza humana es egoísta e imprudente, pero si hacemos que el Señor participe en nuestras decisiones, Él nunca nos extraviará.

Hace cosa de un año, le eché el ojo a un coche de los años setenta que se vendía por 35.000 dólares. Tenía el dinero y casi no tenía deudas, pero le pregunté al Señor si estaba bien que lo comprara. Me dijo: "Claro. Tienes el dinero, puedes comprar lo que quieras, pero ¿Estás seguro de que realmente quieres ese coche en concreto?". Hablaba de una manera tan amable.

Mientras pensaba en mi coche deportivo ideal, decidí que realmente quería un Mustang o un Camaro, así que pasé de ese coche. Una o dos semanas después estaba mirando en Craigslist y encontré un Mustang de 2006, azul con rayas blancas de carreras, 79.000 km, ¡Por una cuarta parte del precio de aquel otro coche! Lo compré en el acto y ahora recibo cumplidos dondequiera que lo conduzco.

Si invitamos a Dios a participar en nuestras decisiones diarias, descubriremos lo amable y misericordioso que es al bendecirnos con cosas buenas. Nuestro Padre nos ama y quiere que disfrutemos de nuestras vidas, pero quiere estar incluido en nuestras decisiones para poder bendecirnos con los deseos de nuestro corazón.

Pasemos ahora a un tema más serio... el sufrimiento por los pecados de los demás. El libro de Santiago lo dice así...

*"Hermanos míos, tened por sumo gozo cuando os halléis en diversas pruebas, sabiendo que la prueba de vuestra fe produce paciencia. Más tenga la paciencia su obra completa, para que seáis perfectos y cabales, sin que os falte cosa alguna"* Santiago 1:2-4

Hace años, me quejaba al Señor de que algunos miembros de mi familia parecían rechazarnos a mi mujer y a mí. Les preguntábamos con impaciencia por su vida y cómo les iba, pero rara vez recibíamos la misma amabilidad. El Señor me dijo muy claramente: "No te lo tomes como algo personal. No sabes por qué actúan así, quizá estén pasando por algo que les hace cerrarse en banda". Agradecí el consejo.

Sufrimos innecesariamente cuando esperamos que la gente nos trate tan bien como nosotros les tratamos a ellos. Nuestras expectativas sobre ellos, cuando no se cumplen, nos hacen imaginar todo tipo de malos pensamientos que nos atormentan. Es mejor aceptar lo que estén dispuestos a dar y estar agradecido por ello, que esperar lo que no están dispuestos a dar o son incapaces de dar. Y he aquí otro concepto erróneo que nos hace sufrir.

No somos sabios cuando decimos: "Esa persona me hizo sentir mal". En realidad, nadie puede hacernos sentir de una determinada manera. No me apartes aquí, porque he sufrido mucho por decir eso, y quiero que lo entiendas. Si la acción de alguien desencadenó una respuesta emocional, para empezar ya te sentías así contigo mismo. Su acción no te hizo sentir así, su acción sólo te RECORDÓ que ya te sentías así en tu corazón. He aquí un ejemplo.

Hoy estaba paseando por el sendero de un parque y me he cruzado con varias personas que venían en mi dirección. Sólo una de ellas reconoció mi presencia. Tuve la tentación de pensar que me rechazaban como persona, pero ese sentimiento no me bastó. Ya no asumo que alguien me rechaza por mi aspecto o mi forma de actuar.

Me doy cuenta de que la mayoría de la gente tiene miedo de establecer contacto visual con desconocidos, y eso no tiene nada que ver conmigo. Si me habían invadido sentimientos de rechazo por sus acciones, entonces sólo me estaban recordando que ya sentía rechazo en mi corazón por algún otro motivo.

En este momento de mi camino, mi corazón tenía muchos desencadenantes de emociones hirientes. El Señor me ayudó a ver patrones de pensamientos y emociones que me hacían sentir mal conmigo mismo. Cuando experimentaba un sentimiento de miedo, abandono, etc., el Señor me mostraba de dónde procedía ese sentimiento. Por ejemplo, a veces me venían a la cabeza ciertos recuerdos de mi infancia, que me evocaban malos sentimientos. Cuando lo hacían, le preguntaba a Dios: "¿Qué mentira he sacado de esta experiencia?".

Un recuerdo era el de mí, cuando tenía 8 años, mirando por la ventana un viernes por la noche. Mi futuro padrastro prometió llevarme a las carreras esa noche, y nunca apareció. Miré por la ventana para ver si llegaba en coche cada 5 minutos durante 2 ó 3 horas esa noche. Se había olvidado de mí, y más tarde se disculpó de forma poco convincente. Este recuerdo me persiguió durante años, provocando en mí sentimientos de rechazo y abandono por parte de los hombres. Sentía que los papás nunca se preocuparían por mí.

El Espíritu Santo trajo a mi mente otros recuerdos durante este tiempo de restauración. A veces vi a Jesús aparecer en esos recuerdos y revertir la mentira que yo había creído. A veces el Señor me permitió entrar en un recuerdo como mi yo adulto y consolar a mi yo de niño en ese recuerdo.

De este modo, afrontar los recuerdos que me hacían sufrir me beneficiaba. Así es como nuestras penas y sufrimientos nos conducen, en última instancia, a la sanación y la fortaleza. Escuchar mis sentimientos me hacía plantearme preguntas sobre esos recuerdos. Entonces el Espíritu Santo desenmascaraba la mentira y revelaba la verdad del asunto. Sanar nuestras emociones es así de sencillo. El mayor reto es escuchar a nuestro corazón.

Otro recuerdo recurrente fue el que tuve en una guardería justo después de mudarnos a Lubbock. Dos niños sentados a la mesa conmigo se portaban muy mal conmigo mientras coloreábamos en nuestros libros para colorear. Un niño me arrebató el lápiz de color de la mano, aunque había muchos otros para elegir. Me sentí muy mal recibido en aquel lugar.

El Señor me dijo que, aunque sentí el rechazo de aquellos niños, al final lo utilizó para bien. Siempre he sentido compasión por cualquier recién llegado a un grupo del que he formado parte. Con frecuencia me desvío de mi camino para dar la bienvenida a alguien que es nuevo en nuestro grupo. El Señor me dijo que el incidente de la guardería creó compasión por los recién llegados en mi corazón, y eso es algo muy bueno. A medida que nos enfrentamos a nuestros propios sufrimientos y aprendemos de ellos, se crea compasión por los demás que también sufren.

Terminaré este tema del sufrimiento con algunos pasajes de las Escrituras.

*"Amados, no os sorprendáis del fuego de prueba que os ha sobrevenido, como si alguna cosa extraña os aconteciese, sino gozaos por cuanto sois participantes de los padecimientos de Cristo, para que también en la revelación de su gloria os gocéis con gran alegría."*

1 Pedro 4:12-13

*"Humillaos, pues, bajo la poderosa mano de Dios, para que él os exalte cuando fuere tiempo; echando toda vuestra ansiedad sobre él, porque él tiene cuidado de vosotros"*

*"Mas el Dios de toda gracia, que nos llamó a su gloria eterna en Jesucristo, después que hayáis padecido un poco de tiempo, él mismo os perfeccione, afirme, fortalezca y establezca."* 1 Pedro 5:6-7 y 10

# CAPÍTULO 12

## AÑOS CASADOS

En enero de 1985 decidí volver a Lubbock y terminar mi carrera en Texas Tech. Fue duro despedirme de la maravillosa gente de Palestine, que había sido tan fundamental en mi viaje de sanación. Muchas cosas habían cambiado en mí aquel año, y lo más importante, mi corazón volvió a abrirse al Señor. Cuando volví a casa, a Lubbock, el entorno era el mismo, pero yo era diferente. Una vez más, estaba entusiasmado con mi futuro y con lo que podría depararme.

Sin duda, hace falta valor para afrontar nuestros miedos y admitir que tenemos el corazón roto, pero me sentí mucho mejor al sentir la cercanía de Dios en lugar del tormento emocional. Recé y leí mucho la Biblia durante este tiempo. Recuperé mi antiguo trabajo en el RV dealership y volví a matricularme en la escuela.

En esta época de mi vida, solía ir a correr después de cenar a un parque cercano, y luego oraba mientras caminaba de vuelta a casa. Tuve grandes conversaciones con el Señor durante esos momentos. Aprendí a escuchar al Espíritu Santo para que me hablara en esos momentos.

Una noche, mientras le preguntaba al Señor qué quería hacer con mi vida, me hizo escuchar. Me dio una palabra profética sobre 3 cosas que realizaría en mi vida. Dijo que en mi vida dirigiría mi propio negocio, escribiría un libro, y que Él me usaría para ministrar Su amor y aceptación a personas que han sido heridas en sus relaciones. Me pareció muy interesante, pero por el momento me guardé esas cosas para mí.

Dejé el trabajo en el RV dealership y empecé un negocio de jardinería en 1985 para poder pagarme la universidad. Cuando me licencié en Texas Tech en diciembre de 1992, ya ganaba cuatro veces más de lo que habría ganado con mi título universitario, así que adivina qué decidí hacer. Acabo de jubilarme de mi negocio de jardinería tras 37 años maravillosos y muy provechosos.

Seguí confiando cada vez más en el Señor mientras terminaba mis estudios universitarios y ponía en marcha mi negocio de jardinería al mismo tiempo. Tardé 11 años en obtener mi título, ya que me pagaba mis propios estudios y empecé y paré varias veces entre semestres. Agradezco al Señor que me ayudara a convertirme en el primer universitario de mi familia desde que tengo memoria. Fue un gran logro para mí y me dio confianza en mí mismo y en la bondad de Dios.

De hecho, cuando estaba en la universidad, me enteré por un primo de mi padre de que mi bisabuela era india choctaw de pura cepa. Mis hermanas y yo éramos la última generación que podía optar a los beneficios del gobierno, incluida la universidad gratuita y una casa gratis, si queríamos trasladarnos a Oklahoma. El gobierno podría haberme pagado toda la universidad. Ojalá lo hubiera sabido diez años antes, pero Dios fue fiel y me ayudó a pagar mis propios gastos universitarios.

Conocí a una joven de la iglesia mientras estaba en la universidad y nos casamos al año siguiente de graduarme. Como no tenía ningún ejemplo de buen matrimonio, asumí la misión de trabajar duro y satisfacer todas las necesidades de mi esposa. Tenía que demostrarle que era un buen hombre y un buen marido. Como toda mi vida me había dedicado a complacer a la gente, pensé que estaba preparado para el reto.

Sólo sabía que quería un matrimonio seguro, amoroso y feliz, sin gritos ni peleas. Me moría de ganas de ser padre y, tras cinco años de matrimonio, descubrimos que esperábamos a nuestro primer hijo. De hecho, asistí al nacimiento de nuestro primer hijo, Jacob.

Como era el único varón de mi familia, con dos hermanas, dos hermanastras y dos medias hermanas, ¡Estaba encantado de tener un hijo! Dos años después, otro hijo, Aaron, se unió a nuestra familia; y dos años después de él, nació nuestra única hija, Macy.

Como era de esperar, adoré ser padre de mis tres hijos. Era la emoción de mi vida, y realmente disfrutaba con la responsabilidad de cuidar de mi familia. Antes de tener hijos, jugaba al golf, al baloncesto en la liga municipal, al fútbol, al sófbol y al voleibol, pero muchas de esas cosas fueron desapareciendo con cada nuevo hijo. Sin embargo, no me importaba. Estaba hecho para eso y me llenaba ser su padre.

Una de las bendiciones de ser marido y padre fue comprender mejor a Dios. El amor que sentía por mis hijos me ayudó a comprender la gracia de Dios hacia mí. Empecé a pensar en Dios como mi Padre. Este pasaje de la Escritura revela cómo quiere Dios que pensemos en Él.

*"Yo preguntaba: ¿Cómo os pondré por hijos, y os daré la tierra deseable, la rica heredad de las naciones? Y dije: Me llamaréis: Padre mío, y no os apartaréis de en pos de mí."* Jeremías 3:19

Cambiar pañales y recoger sus desastres no cambió en nada mi amor por ellos. Aquellos niños eran míos y sólo sentía amor por ellos. Del mismo modo, comprendí cómo Dios podía amarme incluso a través de todos mis desastres. Mi comprensión de Dios como Padre me ayudó a restaurar mi corazón de muchas maneras.

Por desgracia, cuantos más hijos teníamos, más estresante se volvía la vida. Yo trabajaba 12 horas diarias a veces cuando los niños eran pequeños, y mi mujer trabajaba de 4 a 5 días a la semana como enfermera. Mi mujer y yo empezamos a distanciarnos porque las necesidades de los niños prevalecían sobre las nuestras. Dejamos que las exigencias de nuestros hijos tuvieran prioridad sobre nuestra relación, lo cual fue un gran error. Los dos éramos hijos del medio, los dos teníamos tendencia a no expresar nuestras propias necesidades, y el estrés de todo ello empezó a distanciarnos.

Lo que aumentó el estrés de mi mujer fue mi deseo de dedicarme al ministerio. Yo había participado en algún tipo de ministerio desde los 16 años, y había sido una parte importante de mi vida. Mi mujer no estaba tan interesada en el ministerio, así que eso restaba unidad a nuestro hogar. Me habría encantado que se uniera a mí en las pasiones espirituales, pero en lugar de eso nos dividió.

Cuando cumplí 40 años acordamos que debía aprovechar un curso inmobiliario que vimos en la televisión. Así que, en invierno, cuando mi negocio de jardinería iba lento, empecé a vender casas para aumentar nuestros ingresos. Los dos éramos universitarios, así que queríamos que nuestros hijos también pudieran ir a la universidad, ¡Y para eso hace falta dinero!

Al principio conseguí vender algunas casas, pero luego me quedé con una que no se vendía. De golpe tuve que hacer frente a dos pagos de la casa y a un gasto extra de 1.000 dólares al mes. Seguí pagando el diezmo a la iglesia, así que el Señor cubrió fielmente todas nuestras necesidades económicas.

El Señor me dijo a través de oraciones desesperadas que tenía un propósito diferente para aquella casa, y que necesitaría alquilarla durante un tiempo. Descubriría ese propósito 17 años después. Como casero, oí todas las mentiras conocidas por el hombre sobre por qué mis inquilinos no podían pagar el alquiler a tiempo. No me gustaba ser casero, pero aprendí a ser más firme con la gente, lo cual me vino bien.

En 2011 construimos la casa de los sueños de mi mujer en el campo, en una parcela de un acre rodeada de campos de algodón. Contratamos a un contratista para que la construyera y acabara el piso principal, pero yo acabé el enorme sótano y construí un dormitorio adicional en el ático. También construí un granero de 1.200 metros cuadrados con la asistencia de un ayudante.

Cuando todo estuvo terminado, recuerdo que me dije: "Ahora quizá (mi mujer) me respete". Verás, la primera vez que conocí a los padres de mi mujer vi lo ricos que eran, y al principio me sentí intimidado. Sabía que si me casaba con ella tendría que ganar mucho dinero para impresionarla. Aunque nuestro patrimonio superó el millón, parecía que nunca era suficiente para ella.

Un hombre se desgasta literalmente para satisfacer las necesidades de la familia que ama, pidiendo sólo un "Gracias" a cambio. Nunca fui exigente con mi mujer; estaba demasiado ocupado intentando complacer a los demás y ser un buen marido, padre, proveedor y cristiano. Desde niño había aprendido a no ser una molestia para la gente y a negar mis necesidades.

En aquella época era miembro activo del diaconado de la iglesia más grande de Lubbock, tenía dos trabajos, ayudaba a entrenar a los equipos deportivos de nuestros hijos y regentaba un puesto de comida los viernes por la noche en los partidos de fútbol para pagar los gastos de la banda de Jacob. Estaba muy ocupado, pero al menos era un buen tipo de ocupación. Tuve mucho éxito, aunque eso no parecía impresionar a mi mujer. Rara vez celebraba mis éxitos.

Un día, cuando acababa de terminar un gran proyecto, en lugar de celebrar mi logro, empezó a elogiar a otros dos hombres por sus logros. Eso no está bien. Cuando nos mudábamos a la casa de nuestros sueños, me di cuenta de que todos mis trofeos deportivos, excepto uno, habían desaparecido. ¡Los había tirado!

Ambos habíamos sufrido en cierta medida maltrato infantil, pero nos afectó de formas distintas. Ambos éramos codependientes, pero en extremos opuestos del espectro. Una era la que daba y la otra la que recibía. El que daba no tenía límites sanos, y el que recibía tenía límites rígidos. Esa dinámica funcionó bien hasta que me di cuenta de que se estaban aprovechando de mí.

Habiendo crecido con malos tratos, me dejé maltratar por muchas personas a lo largo de mi vida. Durante 55 años de mi vida no tuve ni idea de lo que era un límite sano, ni de cómo defender mis necesidades, ni siquiera de permitirme tener necesidades. Me decepcionaba tanto no ver satisfechos mis deseos que simplemente los reprimía.

Tengo una buena idea de lo que provocó el cambio de su corazón hacia mí. En 2009 publiqué mi primer libro, Dios no te ha olvidado, y empecé a dar mi testimonio en iglesias y grupos de jóvenes. Al mismo tiempo, mi esposa sufrió una decepción en el trabajo, perdió su puesto de influencia y fue degradada. Estaba destrozada, y tener que escuchar mi testimonio en aquel momento la irritaba enormemente.

Un viejo amigo me pidió que le ayudara a dirigir su pequeña iglesia de Lubbock, y acepté encantado, pero ella no quería. No quería dejar nuestra posición de influencia en la iglesia más grande de Lubbock para humillarnos y servir en una de las más pequeñas. Esto era un sueño para mí, pero una pesadilla para ella, por desgracia. Creció en una familia que nunca hablaba de sus problemas personales, por lo que estaba programada para desvalorizar a las personas emocionalmente abiertas, como yo.

Durante toda mi vida adulta dije: "Nunca me divorciaré. Nunca les haré eso a mis hijos". Recordar lo duro que fue para mí pasar por tres divorcios de niño, y oír siempre en la iglesia que el divorcio es un pecado imperdonable me mantuvo en un matrimonio desequilibrado durante mucho más tiempo del que debería haber permanecido.

Pero al menos estuve presente para criar a mis hijos durante sus años más importantes. A veces las cosas no funcionan, y es mejor irse que quedarse en una relación tóxica. Podría decir muchas cosas más, pero por el bien de mis hijos me abstendré.

Nunca le diría a alguien que disolviera su matrimonio, pero sí le animo a enfrentarse civilizadamente y a establecer límites sanos para ver cómo responde. No aguantes los malos tratos. Lo único que Dios odia más que el divorcio es que sus hijos sufran abusos constantes. 2 Timoteo 3:1-5 dice,

*"También debes saber esto: que en los postreros días vendrán tiempos peligrosos. Porque habrá hombres amadores de sí mismos, avaros, vanagloriosos, soberbios, blasfemos, desobedientes a los padres, ingratos, impíos, sin afecto natural, implacables, calumniadores, intemperantes, crueles, aborrecedores de lo bueno, traidores, impetuosos, infatuados, amadores de los deleites más que de Dios, que tendrán apariencia de piedad, pero negarán la eficacia de ella; a éstos evita"*

Es un pasaje de la Escritura bastante duro, pero muy serio para el Señor. Él es un protector de sus seres amados. Prefiere que escapes de una mala relación a que tu alma sea destruida por personas envidiosas, aunque sean de tu propia familia.

Mis hijos no veían los abusos que sufría a puerta cerrada, así que me perdieron el respeto, creyendo las mentiras de que yo era egoísta e indiferente. Mis hijos dejaron de responder a mis llamadas, mensajes, cartas y regalos, como miles de otros hombres y mujeres que se atreven a dejar una relación abusiva.

No hay motivo para destruir a un ex cónyuge tras el divorcio. Sigue tu camino y encuentra la paz, pero no destruyas vidas inocentes ni alejes a los niños de padres cariñosos. Lamenté la pérdida de la relación con mis hijos durante 3 años enteros, llorando un océano de lágrimas por ellos. El Señor estuvo muy cerca de mí en aquellos días, confirmando Su palabra de que

*"Cercano está Jehová a los quebrantados de corazón; Y salva a los contritos de espíritu."*

Salmo 34:18

Aquellos años de duelo y examen de conciencia fueron solitarios y desgarradores. Me enfrenté a acusaciones de personas a las que amaba, del diablo y de mí mismo. Personas que creía que eran mis amigos se alejaron de mí. En momentos así descubres quiénes son tus amigos. Básicamente, me aislé de todo lo que había conocido, excepto de mi trabajo y de mi Dios. En lugar de ser un líder en la iglesia, me sentaba solo en la iglesia, siendo evitado por la mayoría de la gente.

Le quité importancia a mi situación diciendo que el diablo pensaba que me llamaba Job, en lugar de Cobe, el nombre con el que me llamaban mis amigos más íntimos. Sin duda me identificaba con Job, pues había perdido muchas cosas en tan poco tiempo: mi matrimonio, mis hijos, mi salud, mi iglesia, mis amigos y decenas de parientes políticos a los que quería.

El Señor me envió a un gran amigo que se encontraba en una situación similar a la mía. Greg y yo visitamos varias iglesias de la ciudad para ver cuál satisfacía las necesidades de los hombres mayores solteros. Greg incluso trabajó a tiempo parcial conmigo durante aquellos días, y fue una amistad ordenada por Dios. Hablamos de muchos temas y oramos mutuamente por la sanación de traumas infantiles y matrimonios fracasados. Siempre estaré agradecido por la amistad de Greg.

A través de este aislamiento, aprendí lo que significa que se refieran a Dios como "Santo". Nunca había comprendido lo que eso significaba, salvo la suposición de que Dios era simplemente mejor que nosotros, los humanos. Descubrí que lo que hace santo a Dios es el hecho de que es diferente en todos los sentidos de nuestras otras relaciones. Nunca miente, nunca abusa de nosotros, nunca nos manipula ni nos controla, es completamente fiel y no tiene una agenda egoísta para nosotros.

Él es especial, Él es diferente, en Él se puede confiar cuando otras personas nos abandonan. La santidad se refiere a que Él es diferente a cualquier otra persona con la que nos encontremos. Él es nuestra familia cuando nuestra familia nos repudia. Él nos acepta cuando los demás nos rechazan. No hay nadie como Él, ¡En ningún lugar!

Y tenemos mucha suerte de que eligiera ser bueno, honorable, desinteresado y amable. Podría haber sido un tirano si hubiera querido, pero eligió humillarse, descender desde lo alto y levantarnos de los pozos en los que nos encontramos. Nunca me ha tratado nadie tan bien, con tanta dulzura y amabilidad como Él. Viene corriendo cuando le llamamos, y siempre está ahí cuando le necesitamos.

Tuve que perder todo lo que era importante para mí para descubrir que tengo todo lo que realmente necesito. Dios hizo que pasara de odiar mi soledad a disfrutarla por la paz que me proporcionaba su presencia. Cuando mi familia me abandonó, Él me validó, me redimió y me adoptó. Él no es como ningún otro. Él es ¡SANTO!

# Capítulo 13

## Noche Oscura del Alma

A principios de los 70 se estrenó una película llamada El Padrino, sobre un hombre de Cicilia que emigró a EEUU. De niño, Vito Corleone aprendió a sobrevivir en las calles de Nueva York a principios del siglo XX. Con el tiempo, creó una red criminal en la que estaban incluidos sus hijos. Al final de la película, la familia necesitaba "arreglar todos los asuntos familiares" contra las personas que les habían traicionado. Asesinaron a varias personas para que la familia Corleone recuperara el respeto y el poder.

La trilogía del Padrino me ha intrigado durante años, y creo saber por qué. Creo que disfrutaba con el poder, la fuerza y la intimidación que mostraban los Corleone. Ansiaba sentir su poder y su fuerza. Lo admito, a veces en mi vida he soñado despierto con matar a las personas que me herían profundamente, pero sabía que ésa no era la forma de resolver mi dolor. En este punto de mi viaje, el Señor me estaba diciendo que era hora de "resolver todos los asuntos familiares", pero a Su manera. No, nunca maté a nadie... por si te lo estabas preguntando.

La forma que Dios tenía de arreglar mis asuntos consistía en afrontar las cuestiones que nunca se habían tratado en todos mis años, cosas de las que o bien no era consciente, o bien estaba demasiado asustado para afrontarlas. Tuve que abordar los significativos problemas de relación enterrados bajo capas de vergüenza y rechazo.

Tras haber perdido la vida que siempre había deseado, ya no tenía nada que perder. No tenía más miedos a los que enfrentarme; mi mayor miedo ya había llegado a mí, y no me había destruido como pensé que lo haría. Pero por mi propia tranquilidad tenía que darle sentido a todo aquello, y arreglar lo que pudiera. Tenía que hacer las paces con mi pasado, y hacer las paces con Dios.

Incluso a través del intenso dolor, el examen de conciencia y la "noche oscura del alma", tenía la sospecha de que todo esto formaba parte del plan de Dios para mí. A través de mis propias pérdidas, surgió en mi corazón una profunda compasión por los adultos divorciados y solteros. Recordé la profecía de Dios de que un día serviría a personas dolidas. Incluso tuve que llamar a algunos amigos que habían pasado por un divorcio y disculparme por las cosas que les dije en el pasado. Siempre pensé que simplemente no se habían esforzado lo suficiente. Era ingenuo al pensar que todos los matrimonios pueden o deben salvarse.

No tenía ni idea de que muchos matrimonios son transaccionales y manipuladores. Pensamos por defecto que los demás son como nosotros. Las personas bondadosas creen que los demás son bondadosos, mientras que las personas egoístas creen que los demás son tan egoístas como ellas. Lo mismo ocurre con la forma en que la gente se imagina que es Dios...

Este pasaje dice mucho sobre nuestra perspectiva de cómo creemos que es Dios...

*"Limpio te mostrarás para con el limpio, Y severo serás para con el perverso." Salmo 18:26*

Esto da una gran idea del corazón del hombre, y de cómo la gente proyecta de forma rutinaria sus propias creencias en los demás. Cuando recordaba sentimientos de rechazo del pasado, suponía que los demás también me rechazarían. Jesús resumió todos los mandamientos de la Biblia en los dos mandamientos más importantes. "Ama al Señor Dios con todo tu corazón, mente, alma y fuerzas, y ama a tu prójimo como a ti mismo".

En mi opinión, automáticamente amamos a los demás del mismo modo que nos amamos a nosotros mismos. Los que no se aman a sí mismos no son capaces de amar a nadie más, pero los que se aman a sí mismos son capaces de amar también a los demás. Y la única manera de amarnos a nosotros mismos es experimentar primero el amor de Dios. Cuanto más conocemos Su amor, más capaces somos de amarnos a nosotros mismos y a los demás. Conocer a Dios es conocernos a nosotros mismos, porque procedemos de Él. La idea misma de tu persona surgió de Su corazón.

Cuando era codependiente, amaba a la gente de forma codependiente, rescatándoles de su propio dolor. Ahora conozco el valor de dejar que los demás se responsabilicen de sí mismos y sufran las consecuencias de su propio comportamiento. Debemos dejar que las personas se responsabilicen de sí mismas, o nunca madurarán.

Durante la mayor parte de mi vida perdoné un montón de abusos recurrentes a los que debería haber hecho frente, pero pensaba que era mi deber como cristiano aguantar a las personas abusivas. Ahora sé que ése no es el camino de Dios. Señaló a los fariseos por su falsa piedad y su orgullo, y no tolerará que los maltratadores se salgan con la suya para siempre.

En una clase de recuperación de divorcios, nos presentaron varios libros estupendos sobre relaciones sanas, mi favorito de los cuales era Límites, de Townsend y Cloud. Nunca había oído hablar del concepto de límites hasta que leí ese libro, ¡Y me cambió la vida!

A través de ese libro me enteré de mis tendencias codependientes y de mi falta de límites sanos. Aprendí mucho sobre mí mismo leyendo ese libro, así como Codependent No More de Melody Beattie. Estoy muy agradecido por la amabilidad de estos desconocidos de enseñarme una forma mejor de relacionarme con la gente.

En mi opinión, esa información debería enseñarse en todos los institutos del mundo. ¿Por qué se oculta tanto esta información al público en general? Posiblemente porque los temas de la salud mental y emocional se han estipulado como vergonzosos a lo largo de las generaciones.

No hablamos de estos temas en público, y sólo los que han sufrido abusos buscan este tipo de información y ayuda. Me alegro de que, como sociedad, empecemos a abordar cada vez más estos temas tabú.

Muchas iglesias en las que he estado parecen no estar preparadas o dispuestas a abordar estos temas porque piensan que los buenos cristianos no deberían tener esos problemas. Las iglesias también se mantienen alejadas del ministerio para solteros adultos por la misma razón. Habiendo participado durante años en las clases del Ministerio de la Libertad como estudiante y como facilitador, he visto salir de ellas muchas cosas buenas y algunas no tan buenas.

Espero arrojar luz sobre cómo ve el Espíritu Santo las heridas mentales y emocionales. El Espíritu Santo es gentil, amable y paciente con las personas, pero he visto a algunos ministros tratar con dureza a personas heridas, lastimándolas aún más, y eso me rompió el corazón por ellas.

Debemos dejar de avergonzar a la gente por tener heridas emocionales. Quizá por eso el Señor quería que escribiera este libro, para mostrar a la gente cómo Él me ha devuelto la salud emocional con paciencia y delicadeza. Como he dicho antes, esas heridas deben tratarse y abordarse igual que un corte en el brazo. Si ignoramos la herida, sólo conseguirá infectarse y causar más daño.

Como escribí en el capítulo 3, hemos estado tan condicionados por la vergüenza, que tenemos miedo de admitir nuestras luchas emocionales. Al haber crecido en Texas, he visto la forma en que los buenos hombres tratan a sus hijos cuando muestran vulnerabilidad. Los entrenadores de fútbol tienen fama de utilizar la vergüenza para motivar a sus jugadores a hacerlo mejor. Llamar a alguien "mariquita" puede motivar a un jugador a esforzarse más, pero he visto que el estímulo es mucho más eficaz cuando he dirigido o enseñado algo.

Me alegro mucho de que Dios mismo no utilice la vergüenza con nosotros; de hecho, quiere eliminar de nosotros la maldición de la vergüenza. Al recorrer el proceso de perdonar a mis padres, vi la gran necesidad de hablarlo todo. La mayoría de los hombres reprimimos nuestros sentimientos hasta que un día nuestras heridas se disparan, ¡Y explotamos contra alguien! Yo he pasado por eso y lo he hecho, incluso delante de mis hijos, de lo que me arrepiento enormemente.

Te sugiero que busques un terapeuta, un pastor de confianza, un amigo de confianza o, lo que es más importante, que acudas directamente al Señor. Al principio puede que necesites hablar con un ser humano, ojalá que haya pasado por lo mismo que tú. No te recomiendo que le cuentes tus penas sentimentales a alguien que lleve 50 años casado. No lo entenderá ni será tan compasivo como alguien que haya pasado por lo mismo. Esta escritura explica perfectamente la razón.

"(Dios es) …*Padre de misericordias y Dios de toda consolación, el cual nos consuela en todas nuestras tribulaciones, para que podamos también nosotros consolar a los que están en cualquier tribulación, por medio de la consolación con que nosotros somos consolados por Dios…*"

2 Corintios 1:3-4

Lo que descubrí en mi viaje, es que las emociones necesitan ser sentidas para poder pasar. Se nos permite sentir lo que sentimos, aunque esté basado en una mentira. Una vez que nos permitimos sentir nuestra emoción, y dejar que diga lo que tiene que decir, dejaremos de estar cautivos de esos sentimientos. Es así de sencillo. Y si ese sentimiento se basaba en una mentira, al final nos daremos cuenta de que era mentira.

Tras nuestro divorcio, me quedaron muchas preguntas por responder. ¿Fui un buen marido? ¿Fui un buen padre para mis hijos? ¿Me equivoqué al buscar oportunidades en el ministerio? ¿Por qué no podía encontrar una relación sana en mi vida? Eran preguntas que me desgarraban las entrañas y sobre las que tenía que ser realmente honesto.

Si quieres llamar la atención de Dios... ora con sinceridad y de corazón. Pregúntale si hay algo de lo que debas arrepentirte, y Él te hablará con claridad. Creo que Dios se cansa cuando rezamos oraciones religiosas que pensamos que le impresionarán, como rezaban los fariseos. Sé que, por experiencia propia, cuando oro una oración sincera, honesta y humilde, Él se manifiesta a lo grande.

El Salmo 139:23-24 dice,

*"Examíname, oh Dios, y conoce mi corazón; Pruébame y conoce mis pensamientos; Y ve si hay en mí camino de perversidad, Y guíame en el camino eterno."*

Odié y temí estar solo durante mis primeros años tras el divorcio. Tenía que ocuparme de mí mismo, de mi trauma y de las pérdidas devastadoras que había sufrido. Aunque me sentía solo, el Señor estaba muy cerca de mí. Me llevó en aquellos momentos en que me invadía la tristeza.

Leí el libro de Job para ver si encontraba alguna respuesta. Luego leí la historia de José en el Génesis, en busca de alguna perspectiva. Podía identificarme con las pérdidas y la traición que experimentaron aquellos hombres, pero seguía preguntándome por qué Dios permitió que tal devastación afectara a aquellos hombres piadosos. Job era entonces el hombre más justo del mundo oriental. Temía a Dios y rehuía el mal, así que ¿Por qué permitió Dios semejante pérdida?

Job dijo que le había sobrevenido lo que más temía. Dios mismo dijo que Job era justo en su conciencia hacia la ley de Dios, pero que había algo que debía corregirse. Al leer esa afirmación, caí en la cuenta de que me había encontrado cara a cara con lo que más temía... perder a mi familia. Dicen que quien mucho ama, mucho teme. Cuando amas a las personas, tu mayor temor es perderlas.

Temía perder mi matrimonio porque deseaba mucho estar casado. Temía no ser un padre suficientemente bueno debido a mis experiencias de niño. Pasar por 3 divorcios de niño me hizo temer ser como mis 3 papás. Eran miedos subconscientes que me impedían ser el mejor marido y padre que podría haber sido.

Tuve que aceptar el hecho de que no era un padre perfecto, pero sé que ningún otro padre humano ha querido a sus hijos más que yo. Fui amable, gentil y comprensivo con ellos. Era un gran proveedor y un gran ejemplo de hombre piadoso, pero no era bueno a la hora de exigirles responsabilidades. Tuve que cambiar mi forma de ser codependiente.

Le pregunté al Señor varias veces si creía que yo era un buen padre para mis hijos, pero se resistía a decírmelo. Sabía que era algo que tenía que responder por mí mismo. Repasé mis años como padre e hice inventario. Determiné que nunca había hecho daño maliciosamente a mis hijos, y que había sido el mejor padre que podía haber sido.

Una noche me invitaron a un grupo de hombres, y el mensaje trataba de ser un padre piadoso para nuestros hijos. Al principio no me alegré, pensando que me traería malos recuerdos, pero resultó ser una gran bendición. Dieron una larga lista de lo que un niño necesita de un padre. No sólo marqué honestamente todos los puntos, sino que pude comprobar dos veces muchas de esas cosas. Dios me estaba mostrando que realmente era un buen padre para mis hijos.

Seguía teniendo pensamientos irritantes sobre cómo había fracasado como padre hasta que un día, mientras conducía hacia Dallas, abordé la cuestión en oración. Pedí al Señor que redimiera mi relación con mis hijos. Al igual que Jesús bendijo los panes y los peces para alimentar a las multitudes, le pedí al Señor que tomara mi trabajo como padre y lo mezclara con Su gracia para que fuera suficiente para mis hijos. Oré para que mis esfuerzos fueran suficientes y Dios compensara la diferencia. Sentí una liberación en mi espíritu, y el tormento terminó para siempre.

Del mismo modo, me evalué como marido y determiné que nadie la había querido nunca como yo la quería, apoyaba y animaba. Siempre estuve a su lado e intenté satisfacer sus necesidades. El Señor me hizo responder a esas preguntas por mí mismo, porque tenía que aprender a valorar mi propia valía. Dios no lo hace todo por nosotros. Quiere empoderarnos con su verdad para resolver nuestros conflictos internos. Primero nos mantiene responsables de luchar por nosotros mismos, y luego nos apoya en ello.

También descubrí que mis tendencias codependientes me habían llevado toda la vida a personas destrozadas. Podría haberme casado con mujeres estupendas y saludables, pero inconscientemente me sentía atraído por las que no estaban emocionalmente disponibles. Mi relación rota con mi padre me llevó a perseguir e intentar ligar con otras personas rotas y emocionalmente inasequibles.

Por eso vamos de una mala relación a otra, hasta que resolvemos los miedos y las mentiras que hemos creído sobre nosotros mismos. No entiendo del todo cómo funciona, pero sé que el proceso consiste en perdonar, liberar las emociones dolorosas y cambiar la creencia de que no merecemos la felicidad, para empezar a atraer hacia nosotros a personas sanas. Y tenemos que ser honestos con nuestros propios fracasos. Todos necesitamos cambiar.

Empecé a arreglar mis asuntos familiares enfrentándome honestamente a mis pecados, liberando mi dolor emocional a Dios y perdonando a todos sus ofensas, incluidas las mías. Fue como limpiar las telarañas de mi corazón, abrir con valentía puertas que habían estado cerradas durante décadas y enfrentarme a los monstruos que allí se escondían. Lo curioso es que esos monstruos no eran realmente monstruos en absoluto, y se marcharon en cuanto me dirigí a ellos con el conocimiento de la verdad.

*"Someteos, pues, a Dios; resistid al diablo, y huirá de vosotros. Acercaos a Dios, y él se acercará a vosotros. Pecadores, limpiad las manos; y vosotros los de doble ánimo, purificad vuestros corazones."*

Santiago 4:7-8

En lugar de asesinar a mis enemigos, los liberé de mis juicios. Me di cuenta de que todos somos humanos imperfectos, y todos necesitamos el perdón de Dios. Esto es un asunto serio a los ojos de Dios.

*"Porque si perdonáis a los hombres sus ofensas, os perdonará también a vosotros vuestro Padre celestial; mas si no perdonáis a los hombres sus ofensas, tampoco vuestro Padre os perdonará vuestras ofensas"*

Mateo 6:14-15

¡Pues esto se ha vuelto real en un santiamén! Recuerda que nuestro orgullo debe ser lo primero en desaparecer. No podemos pretender que somos mejores que nadie. El pecado más pequeño conlleva la misma pena que el más grande. Todos pecamos, ninguno de nosotros es inocente. Piensa en todas las cosas que hemos hecho de las que nos avergonzamos. Si queremos que nos perdonen, tenemos que perdonar. Aunque no te apetezca, dilo en voz alta y empieza a sanar. ¡Libérate!

# CAPÍTULO 14

## RETORNO A LA INOCENCIA

La mayoría de nosotros estamos tan ocupados distrayéndonos con estímulos externos que no tenemos ni idea de quiénes somos por dentro. Tenemos miedo de estar a solas con nuestros pensamientos, rara vez hacemos recuento de cómo estamos y tenemos miedo de lo que podamos encontrar. Las heridas físicas son dolorosas al principio, pero desaparecen cuando nuestro cuerpo empieza a adaptarse y a sanar. Pero las heridas emocionales nos asustan, y no se nos enseña cómo afrontarlas.

El Señor me ha mostrado amablemente cómo tratar esas heridas para que el trauma pueda liberarse de mi cuerpo, alma y espíritu, de modo que pueda comprender finalmente Su amor por mí. Nunca quise saber nada de los abusos que nos infligimos unos a otros, ni de cómo la gente malvada nos manipula y nos controla. Nunca quise pasar 4 años de mi vida estudiando el narcisismo, sólo para poder poner fin a un matrimonio de 25 años.

Hubiera preferido seguir siendo ingenuo, creyendo que la gente es básicamente buena y quiere lo mejor para nosotros.

Dios tuvo que mostrarme las realidades de la naturaleza humana y de Su verdadera naturaleza, para que no acabara en algún callejón como una estadística más, o terminara en la cárcel. Me reveló estas cosas por la alianza de amor que hizo conmigo cuando tenía 10 años. He descubierto que Él nos toma mucho más en serio a nosotros que nosotros a Él. Hace poco pedí perdón al Padre por nuestra falta de habilidad como humanos para amarle como Él nos ama. Nunca podremos igualar Su bondad hacia nosotros; lo único que podemos hacer es decirle un sincero "Gracias".

Cuando regresé a Lubbock de mi estancia en Palestine, empecé a trabajar de nuevo en el RV dealership mientras estudiaba en Texas Tech. Una mañana oré una oración inusual. Le pedí al Señor que por favor me mostrara Su amor ese día. En aquel momento me pareció una oración extraña y egoísta; no era una de mis oraciones habituales. He llegado a comprender que el Espíritu Santo me hará orar una oración especial a veces, cuando Él quiera hacer algo especial por mí.

Después de orar aquella mañana, me fui a trabajar como de costumbre. Justo antes de comer estaba trabajando en una de nuestras autocaravanas más grandes, una con varias ventanas grandes en toda ella. De repente, un gorrión entró en la autocaravana y se estrelló contra una ventana situada frente a la puerta de entrada. ¡Pum! El sonido me sobresaltó, así que me volví para ver al pájaro sacudiendo la cabeza por el impacto. Todos hemos visto pájaros estrellarse contra ventanas.

Cuando el pajarillo me vio, ¡Se fue al otro lado de la caravana y se estrelló contra otra ventana! Me llené de compasión por el pequeño e intenté acercarme a él. Se alejó de mí 3 ó 4 veces más, golpeando cada vez una ventana distinta. Al final acabó en el dormitorio de atrás para huir de mí.

Pensé: "¡Oh, no! Tengo que ayudar a este chico a encontrar la puerta, para que deje de hacerse daño". Cuando entré en el dormitorio, estaba sentado en el alféizar de una ventana, dolorido y agotado por la terrible experiencia. Me acerqué a él con suavidad, esperando que volviera a huir, pero se quedó quieto y me permitió que lo tomara en brazos con ambas manos. Mientras le acompañaba a la puerta abierta, le dije que lo sentía mucho y que no iba a hacerle daño. Llegamos a la puerta y le liberé de la "trampa" en la que se había metido.

Pareció agradablemente sorprendido por mi amabilidad y se alejó tranquila y lentamente, incluso se volvió hacia atrás para volver a verme. Era como si le sorprendiera encontrar dulzura y amabilidad en alguien a quien su instinto le decía que era un depredador. Había olvidado la oración especial que oré horas antes, pero después del trabajo volví sobre el incidente.

Aquella noche el Señor me dijo que aquel incidente era la respuesta a mi oración de la mañana. Me explicó que la compasión que tuve por el pájaro es la misma compasión que Él tiene por mí. Igual que el pájaro me tenía miedo, yo había tenido miedo de Dios durante gran parte de mi vida, temiendo que fuera tan malo como mi entrenador o mi padre alcohólico. Me estaba mostrando un microcosmos de mi vida en aquel acontecimiento de 30 segundos.

Como ese pájaro, nos encontramos atrapados en una existencia aterradora y dolorosa, pero nuestro miedo a Dios nos hace huir de Él por vergüenza. En lugar de eso, perseguimos cualquier objeto brillante, cualquier ventana de oportunidad percibida, que pueda ser una salida a nuestro dolor, sólo para golpearnos la cabeza contra la decepción de la falsa esperanza.

La mayoría de la gente piensa que el dinero, la fama, el reconocimiento y el éxito personal son formas de salir de nuestro dolor. Luchamos y competimos entre nosotros como si no hubiera suficiente amor para todos. No nos sentimos bien con nosotros mismos debido a nuestra disposición vulnerable y egoísta como humanos, así que nos esforzamos por ser al menos mejores que los que nos rodean.

Estamos resentidos con quienes parecen ser felices o tener lo que nosotros no tenemos, en lugar de alegrarnos con ellos por sus victorias. Dios tiene suficientes bendiciones para todos nosotros, pero la mayoría no le buscamos lo suficiente para descubrir lo bondadoso y generoso que es en realidad.

La Biblia dice que "no tenemos porque no pedimos". La mayoría de los cristianos trabajamos duro para que Dios nos bendiga con una buena vida, pero lo único que tenemos que hacer es pedir al Señor lo que necesitamos y queremos. Nos enfadamos con Dios cuando nuestras esperanzas no se hacen realidad, pero no se las hemos pedido a Dios. Simplemente pensamos que Dios debería darnos una buena vida porque nos la hemos ganado siendo buenos.

Ésa es una mentalidad religiosa malsana, y Dios no actúa así. Cuando Jesús se encontró con un hombre ciego, le preguntó: «¿Qué necesitas?». Era obvio para todos los que estaban allí lo que el hombre necesitaba, pero Jesús le preguntó para darnos una lección a todos nosotros. No ganamos puntos con Dios por ser buenos. Dios quiere una relación con nosotros en la que le impliquemos en nuestras vidas. No quiere una relación comercial con nosotros. Quiere una relación familiar con nosotros.

El Señor que nos creó, que da aliento a nuestros cuerpos mortales, quiere que sepamos que se le ha malinterpretado y tergiversado mucho. NO es el señor tiránico y mezquino que se ha hecho pasar por Él. Es realmente el Padre de los huérfanos, el defensor de las viudas y los niños huérfanos y Aquel que desea profundamente restaurar nuestras almas. Sólo quiere estar con nosotros durante todos los altibajos de nuestra vida.

Como el pájaro, Dios sólo quiere que estemos quietos, acudamos a Su presencia y dejemos que nos revele la verdad sobre lo mucho que somos amados, perdonados y aceptados, incluso en nuestra imperfecta condición humana. Cuando nos miramos en el espejo de nuestro cuarto de baño, vemos un montón de imperfecciones, pero Dios nos implora que nos miremos en su espejo, la Palabra de Dios, para que podamos vernos a través de Sus ojos, y a través de la sangre de Jesús. (Santiago 1: 23-26)

Él es quien nos diseñó, así que sabe cómo repararnos, en cuerpo, alma y espíritu. Durante la mayor parte de mi vida, pensé que Dios necesitaba que trabajara para Él, como mi padrastro quería que trabajara para él. Pregunté muchas veces: «Señor, ¿Qué necesitas que haga?». Tenía una mentalidad de rendimiento hacia Dios, como la que tienen casi todos los cristianos, en la que intentamos comprar el amor de Dios.

Escuchar los sermones de la iglesia durante muchos años me dio la idea de que Dios necesitaba mi ayuda para salvar al mundo, pero el Señor me dijo hace poco: "No necesito que hagas nada por mí". Al principio pensé que era el diablo quien hablaba, pero ésa ha sido constantemente la respuesta de Dios a los cientos de veces que le he preguntado: "¿Qué necesitas que haga por ti?". En algún lugar tomé la idea de que tenía que hacer algo grande por Dios.

Un día, mientras estaba sentado en el porche de nuestra casa de ensueño en el campo, pregunté al Señor si había cumplido todo lo que Él quería que hiciera en el ministerio. Me sorprendió diciéndome: "No necesito que hagas nada grande por mí. No tienes ni idea de cuántas vidas has tocado con sólo vivir tu vida en relación conmigo. Las personas que conoces sienten mi presencia por cómo las tratas, y eso es todo lo que necesito de ti". Me había presionado tanto para ministrar a la gente a causa de mi codependencia y de escuchar la manipulación religiosa en la iglesia.

Es tan importante y tan liberador entablar conversaciones sinceras con Dios. Una línea de una canción de Chris Tomlin dice: "Qué majestuosos son tus susurros". ¡Es tan cierto! Esos majestuosos susurros de Dios en los momentos más oscuros de mi vida, me liberaron de tantas ataduras, y como dice Isaías 45:3, fue para que yo LE CONOCIERA.

*"y te daré los tesoros escondidos, y los secretos muy guardados, para que sepas que yo soy Jehová, el Dios de Israel, que te pongo nombre."*

Dios quiere que le conozcas, y está gritando tu nombre, pero estamos demasiado ocupados distrayéndonos. En mis 50 años con el Señor, tengo entendido que Dios sólo quiere liberarnos de nuestras penas y sufrimientos para que podamos volver a la inocencia de nuestra infancia. Quiere liberar nuestros corazones de los conflictos no resueltos y de la vergüenza que allí se esconde.

A muchos de nosotros nos arrebataron la inocencia seres humanos imperfectos, pero podemos vaciar el dolor de nuestro corazón estando presentes para escuchar lo que nos dice nuestro corazón. Podemos confiar a Dios el cuidado y la seguridad de nuestro corazón mientras afrontamos los miedos, la vergüenza y nuestros pecados. Él recuerda que, sin Él, sólo somos polvo, y por eso proporcionó un puente que le uniera a Él y a nosotros mediante el sacrificio de Su único Hijo Jesús.

Éste es el mensaje de este libro y el mensaje de EL LIBRO, la Biblia. El rey David era un hombre «conforme al corazón de Dios» y tenía una relación muy estrecha con Dios, incluso antes de que el Espíritu Santo fuera enviado a la tierra. Así describió la naturaleza de Dios...

*"El que se cubre de luz como de vestidura, Que extiende los cielos como una cortina, Que establece sus aposentos entre las aguas, El que pone las nubes por su carroza, El que anda sobre las alas del viento; El que hace a los vientos sus mensajeros, Y a las flamas de fuego sus ministros. El fundó la tierra sobre sus cimientos; No será jamás removida. Con el abismo, como con vestido, la cubriste; Sobre los montes estaban las aguas.*

*Subieron los montes, descendieron los valles, Al lugar que tú les fundaste.*

*Tú eres el que envía las fuentes por los arroyos; Van entre los montes;*

*El riega los montes desde sus aposentos; Del fruto de sus obras se sacia la tierra. El hace producir el heno para las bestias, Y la hierba para el servicio del hombre, Sacando el pan de la tierra." Salmo 104: 2-6, 8, 10, 13-14*

Inmediatamente después de mi divorcio y la separación de mis hijos, ¡Me sentí muy PERDIDO! Se destruyó mi sueño de tener una gran familia. Mi sentido de la confianza en los seres humanos quedó destruido. Mi creencia de que uno recoge lo que siembra quedó aplastada. ¡La vida ya no tenía sentido! Todos mis años sirviendo al Señor y amando a la gente me parecían una completa pérdida de tiempo y energía. Sufría disonancia cognitiva, que desordenaba mi sentido de lo correcto y lo incorrecto, el bien y el mal, arriba y abajo, etc.

"¿Soy realmente cristiano? ¿Me han engañado todos estos años? ¿Me he inventado a Dios en mi cabeza? He vivido mi vida según la Biblia, ¿Por qué no he recibido las promesas? ¿Por qué la vida es tan injusta? Mi confianza en mí mismo y en Dios estaba temporalmente fuera de servicio. Sufría una especie de trastorno de estrés postraumático.

La palabra de Dios dice que Él está cerca de los quebrantados de corazón y eso pronto se me hizo muy evidente. A veces el dolor era tan fuerte que quería suicidarme, pero Dios no me permitía permanecer en ese estado mental. Me decía con Su cercanía y compasión: "No voy a dejarte caer. Voy a sacarte de esto".

Por aquel entonces empecé a asistir a la Iglesia de la Roca en Lubbock, disfrutando especialmente de los largos tiempos de adoración. Esos largos tiempos de adoración me permitían conectar con el Señor a través de la alabanza, y liberar mis heridas hacia Él. El Señor estaba muy cerca de mí en esos tiempos de adoración.

Una mañana, durante la adoración, el Señor me mostró una visión en mi mente que atesoraré para siempre. Me sentía muy perdido, traicionado y confundido en ese momento, así que el Señor se mostró de esta manera. Con los ojos cerrados, vi en mi mente una débil imagen de Jesús en la oscuridad. Me ofreció su mano, diciendo: "Toma mi mano y sígueme".

Me condujo a una espesura oscura, por un camino estrecho en el que no podía ver ni un pie delante de mí. No tenía ni idea de lo que me esperaba, ni de adónde me llevaba Jesús, pero el hecho de que me mantuviera agarrado a Jesús me dio una sensación de paz.

Fue una visión oportuna que me animó e iluminó. Sólo la seguridad de que Jesús me estaba guiando a través de mi oscuridad, fue suficiente para darme esperanza. Restableció en mi corazón que ÉL tenía el control de mi vida, no yo. Debía seguirle y confiar en Él paso a paso. Me recordó una de mis escrituras favoritas de todos los tiempos.

*"Y guiaré a los ciegos por camino que no sabían, les haré andar por sendas que no habían conocido; delante de ellos cambiaré las tinieblas en luz, y lo escabroso en llanura. Estas cosas les haré, y no los desampararé."* Isaías 42:16

Jesús quería que volviera a la inocencia infantil al confiar en Él. Esa visión habló a mi propio espíritu de que necesitaba bajarme del trono de mi vida y permitir que Él ocupara Su legítima posición como Señor y "guía turístico" de mi vida. La palabra dice en Mateo 18:3,

*"y dijo: De cierto os digo, que si no os volvéis y os hacéis como niños, no entraréis en el reino de los cielos."*

Siempre he sido un aprendiz visual; las palabras por sí solas raramente me cambiaban. Siempre agradeceré que el Señor me hablara en visiones. Cuando reconocemos a Dios, Él nos hablará de mil maneras diferentes, lo que haga falta para llegar a nosotros. El Señor me ha hablado de muchas maneras: a través de la Biblia, de la música, de los testimonios de otros creyentes y de la oración.

Te animo a que vuelvas a la inocencia de leer, estudiar y confiar en la Biblia. El primer capítulo de Juan declara que Jesús ES la Palabra de Dios, así que cuando leemos la Biblia, ¡Nos exponemos al propio Jesús!

Hace unos años me invitaron a unirme a un grupo de personas interesadas en la profecía. El ambiente de oración y ministerio era muy reconfortante para mi alma, y era una gran atmósfera para recibir del Señor. Nos reuníamos una vez al mes para orar, alabar y debatir temas proféticos. Un día se me hizo tarde y pensé en faltar a la reunión, pero el Señor me dijo: "Adelante, ve. Tengo algo para ti".

El tiempo de alabanza que experimentamos al comienzo de la reunión estuvo fuertemente ungido, y rápidamente me sentí "en el Espíritu". Con los ojos cerrados y el corazón abierto, el Señor dejó caer otra visión en mi mente. Me llevó de vuelta a cuando tenía 3 años, jugando en el parque con mi hermana y mi padre. Me mostró en el suelo llorando después de que mi padre me hubiera maldecido y pateado tras mi accidente. Entonces el Señor me mostró algo sobrenatural que ha cambiado mi vida para siempre.

Vi a Jesús entrar en escena, levantarme del suelo y ponerme en sus brazos, ¡Y sonreírme con puro amor y alegría! ¡Mi yo de 3 años dejó de llorar inmediatamente y le devolvió la sonrisa a Jesús con una mirada de gozo absoluto! En ese momento, Jesús ahuyentó el miedo, el rechazo y la vergüenza de toda la vida, y sustituyó el espíritu huérfano bajo el que había vivido por el Espíritu de Adopción.

Las lágrimas corrían por mi rostro cuando mi corazón fue liberado por fin de las garras de la vergüenza, de la sensación de que había algo en mí que no era digno de ser amado. Sentí en mi espíritu que Dios me liberaba de la creencia de toda la vida de que había algo inherentemente malo en mí. Yo sí merecía amor, independientemente de cómo me hubieran tratado algunos seres humanos.

Al perdonar a las personas de mi vida que me habían herido tan profundamente, los recuerdos dolorosos se desvanecieron, permitiendo que volvieran los buenos recuerdos. Puedo mirar atrás, a mi infancia y a mi matrimonio, y mantener los maravillosos recuerdos que Dios me ha dado. Ahora puedo ver claramente que realmente tuve una gran vida. He conseguido muchos logros en mi vida y he disfrutado de un gran éxito. Es como si Jesús devolviera la vista a mi ceguera.

Te animo a que sueltes tu orgullo, recordando que todos somos seres imperfectos como humanos, y que perdones a quienes te han defraudado. Sé tú quien rompa los patrones malsanos que te han transmitido. Entabla una conversación con Jesús sobre el estado de tu corazón, y seamos parte de la solución. Jesús vino a romper toda maldición, y a romper los ciclos de vergüenza de nuestras vidas. Dejemos de competir, avergonzarnos y manipularnos unos a otros.

Hay suficiente amor y bendición para todos nosotros en el reino de Dios. Así que, para responder a la pregunta: "¿Dónde está Dios cuando duele?". Está a tu lado, esperando que le des permiso para tenderte la mano y ayudarte. Dios es el único que conocerás que no tiene una agenda egoísta para ti. Está SIEMPRE PARA TI y para tu éxito. Aceptemos humildemente que somos vulnerables y egoístas, e incluso tontos a veces, y aceptemos la ayuda de Aquel que nos diseñó en primer lugar.

Me he esforzado mucho por ser un buen cristiano, un buen marido, un buen padre; por ser una persona adorable que merece respeto. Creía que dependía de mí demostrar mi valor al mundo y a Dios. Él me ha demostrado que Su gracia es suficiente para mí. Podemos relajarnos, aceptar Su amor y Su perdón y entrar en el descanso que Él nos ha proporcionado. Podemos volver a la inocencia de nuestra infancia, confiando en que Él cuidará de nosotros como un buen Padre. Mateo 11:28-30 dice,

*"Venid a mí todos los que estáis trabajados y cargados, y yo os haré descansar. Llevad mi yugo sobre vosotros, y aprended de mí, que soy manso y humilde de corazón; y hallaréis descanso para vuestras almas; porque mi yugo es fácil, y ligera mi carga."*

# Anexo 1

## Cuando la Vida es Injusta

Todos hemos dicho esta afirmación muchas veces por frustración: "¡Esto es tan injusto!". Creemos que merecemos un trato mejor por parte de la gente y de Dios. No voy a utilizar la táctica de la vergüenza de decirte: "Intenta tener un pensamiento positivo" o "Fíjate en lo que tienes que los demás no tienen". Algunas de las cosas que nos dice la gente cuando estamos realmente disgustados no son útiles. Hay problemas reales que necesitan respuestas reales.

Seré realmente sincero contigo; si no has entregado tu vida a Jesús, y no has entrado en una relación real con Él, en la que hables con Él regularmente, entonces no le has dado permiso para que se involucre en tus asuntos. No está obligado a ayudar a nadie que no le haya dado permiso para ser su Dios.

Dios no se involucrará en la vida de los observadores casuales. Sólo los que entablan una relación de alianza con Dios llegan a experimentar Sus bendiciones. No tenemos derecho a culpar a Dios por sufrir las consecuencias de nuestras propias decisiones egoístas. Dios responde rápidamente a quienes acuden a Él con humildad y arrepentimiento. No esperes que Dios responda a tus oraciones airadas, acusadoras o llenas de derechos. Él resiste a los orgullosos, pero da gracia a los humildes.

Muchos quieren saber cómo manipular a Dios para obtener las bendiciones económicas prometidas en la Biblia. Todos esos predicadores del evangelio de la prosperidad que salen en la televisión están descarriando a mucha gente, haciendo que la gente esté sedienta de los juguetes de Dios en lugar de Dios mismo. Yo he participado en esta actividad cuando era niño. La razón principal por la que quería jugar con cierto amigo era porque ¡Tenía juguetes muy chulos!

Esos predicadores representan a Dios como Papá Noel, o como un Genio de la lámpara en el que todo lo que tienes que hacer es frotarle de la manera correcta, o decir las palabras mágicas. Dios no se deja manipular por los humanos; Él sabe lo que hay en el corazón del hombre. No es crédulo e ingenuo como nosotros. Gálatas 6:7 dice,

*"No os engañéis; Dios no puede ser burlado: pues todo lo que el hombre sembrare, eso también segará."*

Así que, a menos que seas un verdadero hijo de Dios, no estás bajo Su

protección, y eres susceptible a todos los depredadores que existen. Estoy siendo sincero contigo. Pero para los que SON verdaderos creyentes, que han sido adoptados por el Señor y están creciendo en el conocimiento y la comprensión de Sus caminos, tienen ciertos derechos y protecciones.

He sufrido lo que consideraba circunstancias muy injustas en mi vida, sufriendo grandes pérdidas a causa de traiciones y mentiras que se decían sobre mí. Me parecía injusto no haber crecido en una familia feliz con un padre estupendo. Pero Dios respondió a mis oraciones por un buen padre, sólo que no uno con piel. Respondió a mi plegaria con el mejor padre de todos... ¡Él mismo! Dios es el padre más generoso, amable y honorable que existe.

Muchas veces no hemos recibido todavía la respuesta a nuestras oraciones; Dios aún no ha terminado de resolver las cosas. Ahora mismo, estoy orando por una mujer piadosa con la que pasar los años que me quedan, pero aún no la he encontrado. Tengo la tentación de pensar que Dios está siendo injusto porque fui un buen marido para mi ex mujer y merezco una segunda oportunidad.

Dios me dijo hace unos años que la razón por la que aún no me había enviado a nadie era para darme tiempo a sanar del divorcio y descubrir qué tipo de mujer necesito realmente. Muchas veces Dios no está diciendo "no", sólo está diciendo "Todavía no". Dios ES justo con nosotros.

Hablemos ahora de las traiciones que Dios permite que experimenten los cristianos. ¿Cómo puede un Dios amoroso permitir que sus propios hijos sean traicionados y sufran pérdidas? Eso no suena muy amoroso ni protector. Nunca he entendido por qué Dios permitió que Satanás destruyera la vida de Job cuando éste era "irreprochable y recto, que temía a Dios y rehuía el mal". Si incluso las personas justas sufren injustamente, entonces todos somos susceptibles de ello.

Lo que descubrí al estudiar la historia de Job fue que "lo que más temía ha venido sobre mí". Recuerda que Dios quiere que nos enfrentemos a nuestros miedos y los superemos, aunque temamos perder a nuestra familia y nuestra riqueza.

Como padre de 3 hijos, temía perder a mi familia más que ninguna otra cosa. Había invertido los mejores años de mi vida, los años de mi vigor físico y de mi fuerza emocional en mi familia. Deseaba tanto una familia que la convertí en mi ídolo pensando que satisfaría las necesidades más profundas de mi corazón. Cuando perdí a mi familia por el divorcio, se apoderó de mí mi mayor temor.

Pero Dios, con toda Su misericordia y bondad, me mostró que el verdadero deseo de mi corazón era conocerle íntimamente. Mi mujer y mis hijos nunca podrían llenar el vacío de mi corazón que sólo Dios podía llenar. Tuve que perder todo lo que era importante para mí para poder encontrar lo que realmente quería: un Papá que me amara. Los judíos llaman a Dios "Abba", que significa "Papá".

Sé que hay un cliché por ahí sobre "perder lo que no puedes conservar para encontrar lo que no puedes perder", pero no quiero rebajar el tema. En mi negocio de jardinería, cada vez que perdía un cliente habitual por algún motivo, Dios siempre era fiel para bendecirme con al menos dos clientes más en su lugar. No es broma; ocurría a menudo. Así que aprendí a confiar en que las pérdidas de mi negocio eran en realidad promociones a largo plazo.

Hace poco, mi amigo Héctor perdió su trabajo, y casualmente yo estaba trabajando en su casa el día que le despidieron. Cuando me lo contó, Dios imprimió en mi espíritu que aquello iba a ser una promoción para él. Aquel día oré por él la oración de la fe y, antes de que se le acabaran los beneficios de la asistencia social, Dios le ascendió a un trabajo mejor pagado y con un supervisor mejor, ¡Manteniendo todos sus beneficios! Dios es fiel para proteger y proveer a los que confían en Él.

No estoy completamente seguro de lo que Job tuvo que aprender de sus sufrimientos, quizá que su rectitud no era lo que más importaba; que debía confiar en la gracia de Dios en lugar de en su propia "bondad". Sé que eso es lo que yo tuve que aprender de mi traición. No merezco las bendiciones de Dios por lo bueno que soy, sino por lo bueno que es Dios. No nos ama porque seamos buenos; ¡Nos ama porque Él es bueno!

Cuando terminaron los sufrimientos de Job, Dios le devolvió el doble de todo lo que había perdido. Yo he experimentado el doble de algunas de las cosas que he perdido a causa de la traición. Mis hijos siguen distanciados de mí a causa de las mentiras de otros miembros de la familia, pero Dios ha prometido la restauración en algún momento. Un buen amigo mío, tras enterarse de mi traición, recibió una palabra de Dios para mí. Era un pasaje de la Escritura de Sofonías 3:17-20 del que ya se han cumplido algunas partes.

*"Jehová está en medio de ti, poderoso, él salvará; se gozará sobre ti con alegría, callará de amor, se regocijará sobre ti con cánticos. Reuniré a los fastidiados por causa del largo tiempo; tuyos fueron, para quienes el oprobio de ella era una carga. He aquí, en aquel tiempo yo apremiaré a todos tus opresores; y salvaré a la que cojea, y recogeré la descarriada; y os pondré por alabanza y por renombre en toda la tierra. En aquel tiempo yo os traeré, en aquel tiempo os reuniré yo; pues os pondré para renombre y*

*para alabanza entre todos los pueblos de la tierra, cuando levante vuestro cautiverio delante de vuestros ojos, dice Jehová.*"

¡Vaya! Si lees las historias del Antiguo Testamento, verás que a Dios le encanta restaurar cosas y personas. El capítulo 2º de Joel dice que Dios restaurará los años que se comieron las langostas, y ciertamente lo ha hecho en mi vida. Cuando perdonamos a los demás y hacemos las paces con nuestro pasado, todos los dulces recuerdos vuelven a nosotros. Podemos ver que, después de todo, tuvimos una vida estupenda.

No hay nada en nuestras vidas que Él no pueda restaurar o sustituir. No tenemos que temer perder nada. Si perdemos algo que nos es querido, Él lo sustituirá por algo el doble de bueno. Incluso cuando la vida sea injusta, Dios será más que justo con nosotros.

Isaías 61 nos cuenta la razón por la que Jesús vino a la tierra.

Para anunciar buenas nuevas a los pobres; Para curar a los quebrantados de corazón, Para poner en libertad a los cautivos, Para liberar a los prisioneros de las tinieblas,

Para proclamar el año del favor de Dios, Para proclamar que Él nos vengará,

Para consolar a los que lloran, Para sustentar a los que se afligen, Para cambiar la belleza por las cenizas, Para cambiar la alegría por el luto,

Para dar un vestido de alabanza a cambio de nuestra depresión.

Si Dios nos permite sufrir una traición injusta o un trato injusto, y nos negamos a amargarnos, nos negamos a permitir que el odio y la falta de perdón tomen el control de nosotros, ¡Le da permiso a Dios para bendecirnos con una DOBLE PORCIÓN por todos nuestros problemas! Ahora estoy viendo Su doble porción en partes de mi vida, y confío en que Él me bendecirá con el doble de bendiciones también en mis relaciones.

La traición y las pérdidas que sufrí me aplastaron como una uva en el lagar. Expulsaron mi justicia propia, permitieron que Dios recuperara Su lugar en mi vida como Señor y me dieron un corazón compasivo hacia los que sufren. Y como me he enfrentado al mayor de mis miedos, ¡Ahora ya no tengo nada que temer!

Sé que puedo enfrentarme a cualquier cosa en la vida porque sé que Dios estará conmigo sin importar lo que la vida me traiga. Puesto que el Señor ha satisfecho la mayor necesidad de mi corazón con Su propia presencia, cualquier otra cosa que pueda añadir es sólo un poco de salsa en este momento. He encontrado seguridad y paz dejando que Dios sea Dios, y volviendo al lugar que me corresponde como hija suya. Tuve que perderlo todo para conseguir lo que siempre había deseado.

# Anexo 2

## Cómo Dejar Ir

Cada uno de nosotros tiene una lista en la cabeza de las cosas que cree que debe tener para ser feliz. Las mujeres probablemente tengan una lista real en algún lugar de su mesilla de noche. Los hombres tenemos una lista subconsciente de la que ni siquiera somos conscientes. Nuestra lista crece cada vez que vemos que nuestro vecino tiene algo que nosotros no tenemos, o cuando vemos un anuncio de cerveza en la tele, o cuando vamos al centro comercial. Buscamos la felicidad y la plenitud en las cosas externas.

Éstas son las ventanas contra las que nos estrellamos, como el pájaro de la autocaravana. Yo también perseguía cosas de mi lista invisible. Los elementos más importantes de mi lista eran:

- Esposa e hijos, familia feliz

- Hacerme pastor

- Convertirme en atleta profesional

- Tener una casa en el campo

A veces, ganarlo todo en nuestra lista nos hace darnos cuenta de que esas cosas no dan la felicidad que esperábamos. A veces perderlo todo nos muestra lo que realmente importa, y quiénes son realmente nuestros amigos. Los acosos, las traiciones, las pérdidas y las decepciones de mi vida me llevaron a plantearme las preguntas más profundas de la vida. Cuando sufrí las mayores pérdidas, descubrí que Dios seguía ahí. Vi que Él era el único que no me abandonaba.

Aquel a quien había dado un segundo lugar la mayor parte de mi vida me convirtió en una prioridad cuando más necesitaba ayuda. Dejó a los 99 para rescatar a 1. Yo siempre buscaba a alguien con piel que me hiciera sentir amado. No me daba cuenta de que mi Padre celestial era quien podía satisfacer mi alma.

En Su amor y sabiduría, Dios no permite que nos satisfagan los deseos de la carne, los deseos de los ojos o el orgullo de la vida. Sabe que la paz y la satisfacción proceden de conocerle a Él. Y no podemos amarnos a nosotros mismos hasta que conozcamos Su amor perfecto. Fuimos diseñados para desear una relación con Dios. Nos hemos distraído tanto de las necesidades de nuestra propia alma que estamos perdidos en el bosque. Buscamos el amor en los lugares equivocados, como dice la canción.

Sufrimos innecesariamente a causa de nuestra lista. "Si no tengo esto, aquello y lo otro, no voy a permitirme ser feliz". ¡Así es como saboteamos nuestra propia felicidad! Me sentí desolado al perder la relación con mis hijos, pero al final tuve que soltar mis exigencias y permitir que Dios satisficiera mis necesidades a su manera y en su momento.

Dios me permitió entregar todas mis esperanzas y deseos a su cuidado, confiando en que Él tiene el control de mi vida. Siempre me ha proporcionado todo lo que he necesitado, así que puedo confiar en que seguirá satisfaciendo mis necesidades. También quiere darme los deseos de mi corazón con las cosas que Él considera mejores; habitualmente me he conformado con menos de lo mejor.

Cuando abandonamos nuestras rígidas exigencias hacia nosotros mismos y hacia los demás, nos liberamos del tormento emocional. Como cristianos, podemos confiar en la bondad de Dios y descansar sabiendo que Él nos proporcionará lo que necesitamos en el momento adecuado.

No tenemos que exigir, presionar, manipular ni controlar a nadie ni nada para satisfacer nuestras necesidades. No tenemos que suplicar a la gente que nos ame, porque nuestra fuente de amor procede de Dios mismo. Por eso Dios dice, *"Mas buscad primeramente el reino de Dios y su justicia, y todas estas cosas os serán añadidas."* Mateo 6:33

Como escribí en el primer capítulo de este libro, normalmente no tomamos las decisiones correctas hasta que no hemos tomado primero todas las equivocadas. No tenemos que ser perfectos; todos tenemos que aprender a andar. Cuando tenemos un año, nuestros padres celebran cada pequeño paso que damos.

No nos avergüenzan mientras aprendemos a andar, sino que nos elogian y nos animan. Del mismo modo, el Señor está muy orgulloso de nosotros cuando intentamos caminar por Sus caminos. Sabe que caemos a menudo, pero nos anima todo el tiempo.

No se avergüenza de nuestros fracasos ni de nuestras malas decisiones, siempre que intentemos sinceramente caminar con Él. Sufrimos cuando metemos la pata, y no pasa nada. Ya no hay condenación para los que están en Cristo Jesús y caminan por el Espíritu, y no por la carne. Estamos a salvo bajo el cuidado de Dios. Cuando caigamos, Él nos tomará y nos levantará de nuevo.

El día que salí de la casa de nuestros sueños en el campo, pude mudarme a esa casa de alquiler para la que Dios tenía ese propósito especial. Era para proporcionarme un aterrizaje suave mientras daba un salto de fe realmente grande. Dios sabía al menos 17 años antes, cuando compré aquella casa, que necesitaría vivir allí en aquel momento. ¿Cómo sabía Él que esto iba a suceder? De la misma manera que sabía que un día tendría mi propio negocio y ayudaría a las personas que sufren. Todo formaba parte de Su plan para mí.

Estoy convencido de que la vida en la Tierra ya ha sido planeada, especialmente para los elegidos de Dios. Muchas de las profecías de la Biblia se han cumplido, porque era el plan de Dios que sucedieran. No tenemos que tener miedo de nada de lo que nos pueda ocurrir, porque Dios utiliza todo lo que afrontamos para nuestro bien si somos Suyos. (Romanos 8:28).

Dos años después de mi divorcio vivía en la casa que habitábamos cuando nacieron nuestros dos hijos pequeños. La mantuve en alquiler y me mudé a ella para remodelarla y, finalmente, venderla. Mi cadera derecha estaba desgastada de tanto trabajar en jardinería, correr y hacer deporte que había practicado a lo largo de los años. La casa necesitaba mucho trabajo y yo no podía hacerlo por culpa de mi cadera.

Una noche oré la oración más piadosa de mi vida. Entregué todos y cada uno de los aspectos de mi vida (casa, posesiones, hijos, mi futuro, mi salud) al Señor para que hiciera con ellos lo que quisiera. Lo sometí todo a Su sabiduría y Señorío. Tres horas después, ¡Mi casa estaba ardiendo! La casa de mi vecino se había incendiado, y el fuego se propagó a la valla que compartíamos y luego a mi casa. El resplandor de las flamas me despertó justo a tiempo para que escapara con mi teléfono y la ropa que llevaba puesta.

Ambas casas fueron siniestro total según los estándares de la Compañía de Seguros, pero la mayoría de mis posesiones se salvaron, sólo resultaron dañadas por el humo. Conseguí una increíble indemnización del seguro, vendí los escombros humeantes a un inversor y un mes después compré una preciosa casa más moderna en un barrio estupendo.

En aquel "acto de Dios", el Señor me devolvió todas las pérdidas económicas de mi vida. Cada vez que alguien me fastidiaba con un alquiler o un trabajo de jardinería impagados, ¡Dios me lo devolvía! Estaba cumpliendo Su promesa de Joel 2 de restaurar los años que se habían comido las langostas. Sé que Él también restaurará mis relaciones.

Nunca debemos temer perder nada de lo que tenemos. Dios restaurará los años perdidos en un instante si decidimos perdonar los pecados de la gente contra nosotros. El lugar más seguro donde estar, el lugar más pacífico donde estar, es bajo el Señorío de Jesucristo.

He visto Su increíble bondad hacia mí durante 50 años. Puedo decir sinceramente que me alegro de todas las decepciones, fracasos, acosos y sufrimientos, porque me llevaron a invocar el nombre de Jesús, ¡Y Él vino corriendo a ayudarme! Lo que Dios no restaura ni sustituye, te concederá la paz sobre la pérdida.

No dejes que los sufrimientos de la vida te asusten y te alejen de Dios. Él se muestra más brillante en nuestros momentos más oscuros. No nos está castigando ni está enfadado con nosotros; simplemente nos está diciendo: "Ven a casa, hijo mío. El amor te espera".

Que Dios los bendiga a todos, mis hermanos.

www.ingramcontent.com/pod-product-compliance
Lightning Source LLC
Chambersburg PA
CBHW051216120626
46547CB00013B/1380